KB274384

스페인어 회화 첫걸음

이 수 열 지음

1945
MYM
문예림

EBS FM 주파수 안내

수도권	104.5Mhz	태백/영월	107.1Mhz	여수/순천	106.3Mhz
부산	107.7Mhz	원주	104.9Mhz	거창	104.7Mhz
대구	105.1Mhz	충주	104.1Mhz	안동	107.7Mhz
광주	105.3Mhz	청주	104.1Mhz	포항	106.7Mhz
대전	105.7Mhz		105.1Mhz	창원	104.3Mhz
	107.9Mhz	서산/공주	102.3Mhz	진주	101.5Mhz
울산	105.9Mhz	전주/군산	106.9Mhz	양산	105.7Mhz
춘천	106.5Mhz	남원	107.5Mhz	제주	107.3Mhz
강릉/속초	104.9Mhz	목포	106.7Mhz	서귀포	104.9Mhz

EBS FM 방송 시간표

시간	월	화	수	목	금	토
AM: 1시20분 ~ 1시40분	몽골어	몽골어	태국어	태국어	인도어	인도어
AM: 1시40분 ~ 2시	프랑스어	프랑스어	스페인어	스페인어	독일어	독일어

입에서 톡(talk) 스페인어 시즌2

초판 인쇄 : 2011년 8월 16일
초판 발행 : 2011년 8월 20일
저　　자 : 이 수 열
기획·방송 : EBS 한국교육방송공사
발 행 인 : 서 덕 일
발 행 처 : 도서출판 문예림
등　　록 : 1962. 7. 12　제2-110호
주　　소 : 서울특별시 광진구 군자동 1-13 문예하우스 101호
전　　화 : (02)499-1281~2
팩　　스 : (02)499-1283
http://www.bookmoon.co.kr, www.ebs.co.kr
E-mail : book1281@hanmail.net

ISBN 978-89-7482-611-6 (13770)

머 리 말

스페인어는 전세계적으로 4억 명 이상이 사용하는 3대 언어로 그 중요성은 이루 말로 표현할 수 없다. 하지만 국내에서는 여러 여건상 스페인어의 보급률이 그리 높지 않았으나 최근에는 스페인어의 중요성을 인식하고 효율적인 학습을 위한 다양한 교재가 발간되고 있으며, 여러 매체를 통해 스페인어를 쉽게 대할 수 있는 여건이 마련되고 있어 매우 고무적인 현상이라 할 수 있다.

외국어를 배우는 목적 중의 하나는 그 외국어를 쓰는 사람들과의 원만한 의사 소통이다. 이를 위해서는 사실 많은 시간과 노력이 필요하고 이를 뒷받침 할 만한 올바른 학습 방법 또한 중요한 요소이다. 이를 위해서 방송을 통한 강의 식 학습 방법은 최상의 조건 중 하나라 할 수 있다.

이 책은 스페인어를 처음 접하는 초보자를 예상 독자로 삼고 있으며 초급 학습자의 난이도에 맞춰 구성되었다. 하지만, 이미 기초 지식을 습득한 학습자라도 문법이나, 표현법 등은 심도 있게 설명되어서 만족감을 충분히 얻을 수 있으리라 생각된다.

이 책은 방송을 통한 강의 식 설명과 병행되는 방식으로 그 주요 내용은 다음과 같이 이루어져 있다:

1. Diálogo (대화): 상황 별로 다양한 대화 내용으로 구성되었다.
2. Vocabulario (어휘): 대화 내용에서 사용된 단어를 상세히 설명하였다.
3. Vocabulario adicional (보충 어휘): 대화 내용에는 언급되어 있지 않지만 관련된 필수 어휘를 첨가하였다.
4. Esquema grammatical (문법) 대화 내용에 사용된 문법 사항을 설명하고, 또한 중요한 문법 내용을 첨가하여 이를 보충하였다.
5. Expresiones útiles (유용한 표현법): 문장 표현 연습을 위해 문장 구조를 중심으로 다양한 내용을 설명하였다.
6. Cultura Española (스페인 문화): 언어 학습에 중요한 문화 체험을 위해 스페인의 다양한 사회, 문화 현상에 대한 설명을 첨가하였다.

또한 각 과별로 문법적으로 혼돈하기 쉽거나 까다로운 내용은 "주의"로 구분하여 따로 설명을 첨가하였다.

이 책이 앞으로도 기초 스페인어 학습에 유용한 교재가 되기를 바라며, 이 책의 발간을 위해 노력해주신 문예림 관계자 여러분과, 특히 현지 자료 수집을 위해 동행하여 촬영과 녹음을 위해 수고를 아끼지 않은 문영주 PD님께 감사의 말을 전합니다.

2011년 7월
이수열

Í . N . D . I . C . E

TEMA 1 | **들어가기** ···················· 06
1 발음 08

TEMA 2 | **소개** ···················· 14
2 안녕하세요. 16 | 3 어디에서 왔어? 20

TEMA 3 | **안부 인사** ···················· 23
4 잘지내? 26 | 5 좀 나아졌어? 30

TEMA 4 | **서로 알기** ···················· 34
6 스페인어 말할 줄 알아? 36 | 7 어디에서 살아? 42
8 우리 집은 여기에서 그리 멀지 않아. 48

TEMA 5 | **일상생활** ···················· 52
9 이 근처에 은행이 있나요? 54 | 10 너의 집은 아파트야? 58
11 여기가 너의 방이야. 64 | 12 학교까지 어떻게 갈 수 있나요? 68
13 세비야 여행을 하고 싶어. 72

TEMA 6 | **날씨 표현** ···················· 76
14 세비야 날씨는 어때? 78 | 15 스페인의 봄은 더운가요? 84

TEMA 7 | **날짜, 시간 표현** ···················· 88
16 너의 생일은 언제야? 90 | 17 지금 몇 시입니까? 94
18 그라나다행 기차는 몇 시에 있습니까? 98

TEMA 8 | **일상 생활** ···················· 102
19 나는 매일 아침마다 샤워를 해. 104 | 20 훌리아 남자친구에 대해 어떻게 생각해? 108

TEMA 9 | **취미 생활** ···················· 112
21 너는 축구를 좋아해? 114 | 22 그는 그 팀에서 제일 비싼 선수야. 118

TEMA 10 | **전화 표현** ···················· 122
23 누구시라고 전할까요? 124 | 24 잘못 거셨습니다. 128
25 다음에 다시 걸겠습니다. 132

TEMA 11 | **쇼핑** ··· 136
26 이 오렌지는 일 킬로그램에 얼마입니까? 138 | 27 정규노선입니까, 저가 항공입니까? 142

TEMA 12 | **여가 생활** ··· 146
28 우리 영화 보러 갈까? 148 | 29 퇴근하면 뭐 할거야? 152

TEMA 13 | **여행 표현** ··· 156
30 이번 부활절 기간에 바르셀로나로 여행 갑시다. 158 | 31 바르셀로나에는 무엇이 유명한가요? 162
32 바르셀로나에서는 스페인어를 사용하지 않나요? 166

TEMA 14 | **음식점에서** ··· 170
33 오늘의 메뉴는 무엇입니까? 172 | 34 우리 저 바에서 간단히 무엇을 먹을까? 176

TEMA 15 | **호텔에서** ··· 180
35 멜리사 호텔 갑시다. 182 | 36 빈 방 있습니까? 186
37 이 방은 너무 시끄럽습니다. 190

TEMA 16 | **병원에서** ··· 194
38 머리가 너무 아픕니다. 196 | 39 진통제 하나 주세요. 200
40 어디가 아프십니까? 204 | 41 어땠습니까? 208

TEMA 17 | **과거 표현** ··· 212
42 주말에 뭐했어? 214 | 43 시험 어땠어? 218
44 방금 전에 마드리드에 도착했습니다. 222 | 45 너는 어렸을 때 어디에 살았었는데? 226
46 언제가 마지막이었는데? 230 | 47 나 오늘 아침에 지하철을 놓쳤어. 234
48 지난 주 어디를 여행했는데? 238

TEMA 18 | **미래 표현** ··· 242
49 대학 졸업하면 뭐할 예정이야? 244 | 50 걱정 마세요. 누구에게나 일어날 수 있는 일입니다. 248
51 크리스마스에 무슨 선물을 받고 싶어? 252 | 52 너의 나라에 돌아가면 꼭 연락해. 256

TEMA 1 들어가기

01   발음

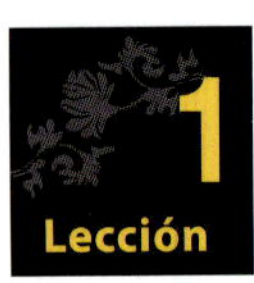

LECCION UNO 발음 (PRONUNCIACION)

Lección 1

ALFABETO (알파벳)

대문자	소문자	명칭
A	a	a [아]
B	b	be [베]
C	c	ce [세]
CH	ch	che [체]
D	d	de [데]
E	e	e [데]
F	f	efe [에페]
G	g	ge [헤]
H	h	hache [아체]
I	i	i [이]
J	j	jota [호따]
K	k	ka [까]
L	l	ele [엘레]
LL	ll	elle [엘레]
M	m	eme [에메]
N	n	ene [에네]
Ñ	ñ	eñe [에녜]
O	o	o [오]

P	p	pe [뻬]
Q	q	cu [꾸]
R	r	ere [에레]
S	s	ese [에쎄]
T	t	te [떼]
U	u	u [우]
V	v	uve [우베]
W	w	uve doble [우베 도블레]
X	x	equis [엑끼스]
Y	y	ye [이에]
Z	z	zeta

알파벳 "CH, LL"는 이전 스페인 알파벳에는 포함되어 있었지만, 최근에는 삭제되어 각각 "C-H, L-L"로 나누어졌다. 하지만 발음의 특징을 갖고 있어 여기에는 삽입하였다.

스페인어 발음은 우리말의 발음과 많이 비슷하기 때문에 발음에 별 문제가 발견되지 않는다. 다만, 몇 개의 자음 발음만 주의하면 된다.

모음

모음은 "a, e, i, o, u"로 우리말의 [아], [에], [이], [오], [우]로 각각 발음된다.

자음

B: [b,브]로 발음된다.

Barcelona 바르셀로나   bien 잘   bueno 좋은

C: 이 자음은 뒤에 오는 모음에 따라 두가지 발음을 한다:

① a, o, u 앞에서는 [k, 끄]로 발음한다.

casa 집   cosa 물건   Cuba 쿠바

[께]와 [끼] 발음은 각각 que-와 qui-로 표기한다:

queso 치즈   quizá 아마

② 모음 e 와 i 앞에서는 혀끝을 아랫니와 윗니 사이에 두어 [θ, 스]로 발음한다.

  cena 저녁   canción 노래   gracias 감사

  스페인의 일부와 대부분의 중남미 지역에서는 단순히 [s, 쓰]로 발음하기도 한다.

CH: 자음 C는 철자는 h와 함께 [č, 츠] 발음을 낸다.

  chico 소년   chofer 운전사   Charo 차로 (여자 이름)

D: [d, 드]발음을 한다.

  dedo 손가락   duda 의심   doce 12(숫자)

F: [f, 프] 발음을 한다. 이 발음은 윗니와 아래 입술로 내는 소리로 영어의 [f]음과 같다.

  fama 명성   feo 못생긴   foco 초점

G: 이 자음은 뒤따라오는 모음에 따라 각각 두 가지 발음을 가진다.

  ① a, o, u 와 자음 앞에서는 [g, 그] 로 발음한다.

  gato 고양이   amigo 친구   guapo 잘생긴

  [게]와 [기] 발음은 각각 gue–와 gui–로 표기한다:

  guiso 요리   Guernica 게르니카 (피카소 그림)

  ② e 와 i 앞에서는 [x, ㅎ흐]로 발음한다. 이 발음은 우리말에 없는 발음으로 우리의 [흐]보다 소리나는 위치가 앞쪽에 있어서, 우리의 [흐] 보다 강하게 발음하면 비슷한 소리가 된다.

  gente 사람들   gigante 거인   gitano 집시

  ③ güe–와 güi–는 각각 [구에]와 [구이]로 발음한다:

  vergüenza 수치   lingüista 언어학자

H: 이 철자는 다른 라틴 계열 언어에서처럼 발음하지 않는다

hacer hombre hecho

J : [x, ㅎ흐] 발음을 하며, ge, gi 의 자음과 같은 발음을 한다.

  jamón 햄   Juan 후안(남자이름)   jugar 놀다

K : [k, 끄] 발음을 하는 철자로 외래어에서 유래된 단어에만 나타난다:

  kilógramo 킬로그램   kiwi 키위   kilómetro 킬로미터

L : [l, 르] 발음을 한다:

  lana 면   lobo 늑대   luna 달

LL: [λ, 르르]발음을 하는 철자로 이 발음은 [르]음이 구개음화된 발음이나 지역에 따라 [ㄹ르], [이], [즈]발음을 한다:

  paella 파에야 (스페인 음식이름)   calle 거리   lluvia 비

M: [m, 므]발음을 한다:

  mamá 엄마   mejor 더좋은   madre 어머니

N: [n, 느] 발음을 하지만, 뒤에 오는 발음에 따라 변이음이 존재한다:

  ① [n, 느]로 발음한다.

  nadar 수영하다   elefante 코끼리   cuenta 계산, 이야기

  ② 연구개음 [k, g, x]앞에서는 [ŋ, 응]으로 발음한다.

  tango 탱고   blanco 하얀   naranja 오렌지

Ñ: [ɲ, ㄴ느] 이발음은 [n]음이 구개음화한 발음이다:

  caña 생맥주   año 년   pañuelo 손수건

P: [p, 쁘] 발음을 한다:

  padre 아버지   peso 무게   puerta 문

Q: [k, 끄] 발음하며 항상 모음 [u]와 함께 나타난다:

  querer 사랑하다   quitar 제거하다   aquí 여기

R: [r, 르] 발음을 하는데, 이 발음은 단어에서 나타나는 위치에 따라 혀끝을 입천장에 한번 대는 경우, [r, 르] 여러번 대는 경우 [rr, ㄹ르]로 발음이 구분된다:

  ① 철자 rr 는 혀끝을 두 번 굴린다.

  torre 탑   ferrocarril 철도   carro 카트, 자동차(멕시코 지역)

  ② r 가 단어의 맨 앞이나 맨 뒤, 또는 다른 자음 앞, 뒤에 올 때는 [rr]로 발음한다:.

  rumor 루머   alrededor 주변의   enredo 얽힘

S: [s, 쓰] 발음을 한다:

  saber 알다   siesta 낮잠   suceso 사건

T: [t, 뜨] 발음을 한다:

   taco 타코   teatro 극장   todo 모두

V: 철자 b 와 같은 [b, 브] 발음을 한다. 영어의 'v'와는 다른 발음이므로 주의해야 한다.

   vaca 암소   vivir 살다   viuda 과부

W: 이 철자는 외래어에서 유래된 단어에 나타나며 보통 [gu, 구] 발음을 한다:

   sandwich 샌드위치   whisky 위스키   Washington 워싱톤

X: [ks, ㄱ스] 발음을 하지만, 뒤따르는 철자가 자음일 경우 [s, 쓰] 발음을 하기도 한다. 그리고 일부 단어에서는 [x, ㅎ흐]이 나타나는 경우도 있다:

   ① [ks]: examen 시험   taxi 택시

   ② [x]: México 멕시코   Texas 텍사스

   ③ [s]: xilófono 실로폰

Y: [y, 이] 발음을 한다. 하지만, 일부 중남미 지역에서는 [즈] 발음을 하기도 한다:

   ya 이미   yo 나   yegua 며느리

Z: [θ, 스] 발음을 하지만, 일부 지역에서는 [s, 쓰] 발음을 한다:

   arroz 쌀   corazón 마음   zumo 주스

3. 강세의 위치

스페인어 단어들은 항상 하나의 음절에 강세가 부여되며, 이 강세를 갖는 규칙은 다음과 같다:

1) 모음이나 "–n", 또는 "–s" 로 끝나는 단어는 뒤에서 두 번째 음절의 모음에 강세가 놓인다.

   va–no 헛된   tar–de 늦은   chi–co 소년

   i–ma–gen 이미지   lu–nes 월요일

2) "–n, –s"를 제외한 자음으로 끝나는 단어는 끝음절 모음에 강세가 놓인다.

   ciu–dad 도시   re–loj 시계   lo–cal 지역의

   ha–blar 말하다   U–ru–guay 우루구아이   em–pe–ra–triz 황제부인

3) 예외가 되는 단어들은 강세를 표시한다.

   ca–fé 커피   sá–ba–do 토요일   au–to–bús 버스

주의

① 이중모음은 하나의 모음으로 취급된다. 이중모음이란 「열린모음(a,e,o) + 닫힌모음(i,u)」, 또는 「닫힌모음 + 열린모음」 연속체이다. 이중모음에서는 열린 모음에 강세가 놓인다.

bai-le 춤　　　rei-na 여왕　　　he-roi-co 영웅의

lim-pio 깨끗한　　　an-ti-guo 오래된　　　pa-ra-guas 우산

② 「열린모음 + 열린모음」연속체는 각각 독립된 음절로 취급된다. 「닫힌모음 + 닫힌모음」연속체는 한 음절로 취급되며 뒤 모음에 강세가 부여된다.

Co-re-a 한국　　　hui-da 도주　　　viu-do 홀아비

발음연습

Hola,

qué tal,

buenos días,

¿Cómo te llamas?

Gracias,

de nada,

adiós,

hasta luego,

TEMA 2 소개하기
02 안녕하세요!
03 어디에서 왔어?

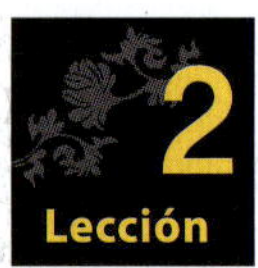 2 Lección ¡HOLA, BUENOS DÍAS! 안녕하세요!

🎧 Diálogo

ⓐ Hola, buenas tardes.
ⓑ Buenas tardes.
ⓐ Soy Juan, y ¿tú?
ⓑ Soy Ana.
ⓐ Mucho gusto.
ⓑ Encantada.

ⓐ 안녕하세요
ⓑ 안녕하세요
ⓐ 나는 후안야, 너는?
ⓑ 나는 아나야.
ⓐ 만나서 반가워.
ⓑ 반가워.

Vocabulario

Hola	안녕 (간단한 인사)
Buenas tardes	안녕하세요 (오후 인사)
Tú	너
Y	그리고
Soy	동사 ser의 1인칭 단수형
Mucho gusto	만나서 반갑습니다.
Encantado,a	만나서 반갑습니다.

Vocabulario adicional

no 부정어 (동사앞에 위치해서 부정문을 만든다)　**pero** 그러나　**es** 동사 **ser**의 3인칭 단수

Juan 후안 (남자이름)　**José** 호세 (남자이름)　**Carlos** 카를로스 (남자이름)

Ana 아나 (여자이름)　**Cristina** 크리스티나 (여자이름)　**María** 마리아 (여자이름)

Esquema gramatical

주어 (Sujeto)

스페인어에서 문장의 주어는 보통 인칭 대명사, 명사, 동사 원형등이 차지하며, 문장의 앞에 위치하나, 때때로 동사 뒤에, 혹은 문장의 끝에 위치하는 경우도 있다. 그리고 문장에 따라 주어는 생략되거나, 존재하지 않는 문장도 있다.

인칭대명사

인칭	단수	복수
1	yo (나)	nosotros, nosotras (우리들)
2	tú (너)	vosotros, vostras (너희들)
3	él (그 남자)	ellos (그 남자들, 그들)
	ella (그 여자)	ellas (그 여자들)
	usted (당신)	ustedes (당신들)

상대방을 지칭하는 인칭대명사는 2인칭의 tú와 3인칭의 usted이 있다. tú는 친근한, 허물 없는 사이에 사용되는 반면, usted는 처음 만난 사이나 형식적인 관계인 경우에 사용되는 인칭대명사이다. 하지만, 스페인에서는 처음 만난 사이라 할지라도 tú로 호칭하는 경우가 많다.

관사의 종류

의미에 따라 명사 앞에는 명사의 성. 수에 따라 관사가 위치하며, 종류는 정관사와 부정관사가 있다.

	정관사		정관사	
	단수	복수	단수	복수
남성	el	los	un	unos
여성	la	las	una	unas

el libro	그 책	los libros	그 책들
la casa	그 집	las casas	그 집들
un coche	어떤 차. 차 한대	unos coches	몇 대의 차
una cama	어떤 침대, 침대 하나	unas camas	몇 개의 침대

철자법에서 의문문, 감탄문인 경우 문장 앞에 물음표, 느낌표를 각각 거꾸로 한번 더 표기한다.
¿Juan? ¡Hola!

Expresiones Útiles

Buenos días.	안녕하세요 (아침인사)
Buenas tardes.	안녕하세요 (오후인사)
Buenas noches.	안녕하세요 (저녁인사)
Adiós.	안녕 (헤어질 때 인사말)
Hasta luego.	다음에 봅시다.
Hasta mañana.	내일 봅시다
Hasta la vista.	다음에 봅시다.

CULTURA ESPAÑOLA
스페인

스페인은 유럽의 남서쪽 끝에 위치한 이베리아 반도의 국가이다. 태양이 강렬하게 내리쬐는 나라로 역사적으로 여러 이민족들이 반도를 점령한 결과 그들의 인종은 혼혈 인종으로 구성되어 있다. 반도의 정착 인종은 이베로족, 켈트족이며 이후에 라틴족, 게르만족, 모로족이 반도를 점령하면서 이들과의 혼혈 인종이 형성되었다. 국토의 대부분이 해발 600~800미터의 고원 지대로 이루어져 있다. 면적은 한반도 전체의 두배 정도 크기이며, 인구는 대략 4천4백만 정도이고 이 중에서 10%정도는 스페인에 합법적 혹은 불법적으로 이주한 사람들이 차지하고 있다. 정부 구성은 입헌 군주제로 국왕과 국민 투표로 선출되는 수상이 있다.

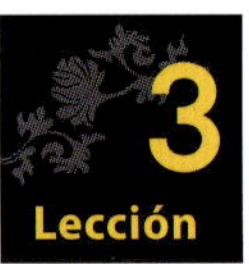

¿DE DONDE ERES? 어디에서 왔어?

🎧 Diálogo

ⓐ Hola, buenas tardes.

ⓑ Buenas tardes.

ⓐ Soy estudiante de español, ¿tú?

ⓑ Yo también soy estudiante de español. ¿De dónde eres?

ⓐ Soy de Canadá, ¿tú?

ⓑ Soy americana, de Boston.

ⓐ Encantado.

ⓑ Mucho gusto.

ⓐ 안녕하세요.

ⓑ 안녕하세요.

ⓐ 나는 스페인어 배우는 학생인데, 너는?

ⓑ 나도 스페인어 배우는 학생야. 너는 어디서 왔어?

ⓐ 나는 캐나다에서 왔는데, 너는?

ⓑ 나는 보스톤에서 온 미국인이야.

ⓐ 만나서 반가워.

ⓑ 반가워.

Vocabulario

estudiante	학생
de	–의 (전치사)
español	스페인어, 스페인 남자
también	또한
dónde	어디 (장소의 의문사)
eres	동사 **ser**의 2인칭 단수형
Canadá	카나다

Vocabulario adicional

americano, a 미국인 (=**estadounidense**)　**Corea, coreano, a** 한국, 한국인 남자, 여자

Francia, francés, francesa 프랑스, 프랑스인 남자, 여자

Alemania, alemán, alemana 독일, 독일 남자, 여자

Portugal, portugués, portuguesa 포르투갈, 포르투갈 남자, 여자

Italia, italiano, a 이탈리아, 이탈리아 남자, 여자

Japón, japonés, japonesa 일본, 일본 남자, 여자　**China, chino, a** 중국, 중국 남자, 여자

enfermero, a 간호사 남자, 여자　**abogado, a** 남자 변호사, 여자 변호사

médico, a 남자 의사, 여자 의사

Esquema gramatical

동사의 종류

스페인어 동사들은 인칭 (1, 2, 3인칭, 단, 복수)에 따라 6가지 변화형을 갖고, 규칙 변화를 하는 동사들과 불규칙으로 변하는 동사로 구분된다.

불규칙 동사 **ser**의 변화형과 용법

Ser			
(yo)	soy	(nosotros)	somos
(tú)	eres	(vosotros)	sois
(él/ella/usted)	es	(ellos/ellas/ustedes)	son

✑ 용법

1. 주어의 국적을 표현한다.

   Soy coreano. 나는 한국인입니다.

   Cristina es española. 크리스티나는 스페인 여자입니다.

   Juan y María son españoles. 후안과 마리아는 스페인 사람입니다.

2. 주어의 직업을 표현한다.

   Juan es profesor. 후안은 교수다.

   Ana es enfermera. 아나는 간호사다.

   José es médico. 호세는 의사다.

주의

ser 동사 다음에 오는 명사들은 반드시 주어와 성.수 일치를 이루어야 한다.

Soy alemán. 나는 독일 남자다.

Somos alemanes. 우리는 독일 남자다.

Leticia es alemana. 레티시아는 독일 여자다.

Ana y Leticia es alemanas. 아나와 레티시아는 독일 여자다.

✑ Número(숫자)

1 uno	3 tres	5 cinco	7 siete	9 nueve
2 dos	4 cuatro	6 seis	8 ocho	10 diez

Expresiones Útiles

¿De dónde eres?	너는 어디에서 왔어?
es ella?	그여자는 어디에서 왔어?
es usted?	당신은 어디에서 왔어?
sois vosotros?	너희들은 어디에서 왔어?
Soy de Corea. (=soy coreano)	나는 한국인입니다.
Francia. (=soy francés)	나는 프랑스인입니다.
Madrid (=soy madrileño.)	나는 마드리드 출신 입니다.

CULTURA ESPAÑOLA

스페인어

유엔의 5대 언어 (영어, 중국어, 러시아어, 프랑스어, 스페인어) 중의 하나인 스페인어는 스페인 및 중남미 20여 개국에서 약 4억 명의 인구가 공식적으로 사용하고 있는 언어로, 중국어, 영어에 이어 세계 제 3위의 언어이다. 특히 미국에서는 로스엔젤레스를 비롯한 남서부와 플로리다, 뉴욕 등 많은 지역에서 영어와 함께 공용어로 사용되고 있다. 역사적 으로 스페인어는 로마 평민들이 말하던 통속 라틴어에서 파생되었다. 여기에 이베리아 반도를 거쳐간 민족들의 언어 등 다른 언어들에서 적지 않은 영향을 받았다. 또한 중남미 신대륙의 정복과 함께 그 당시까지 잘 알려지지 알았던 동. 식물이나 사물에 대한 새로운 어휘가 스페인어에 유입되었고, 17세기 황금 세기 등을 거치면서 스페인어는 세계의 언어로 자리잡게 되었다.

04   잘 지내?

05   좀 나아졌어?

06   스페인어 말할 줄 알아?

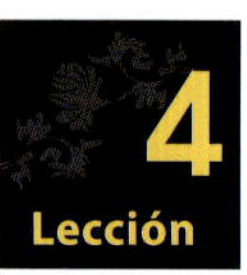

4 Lección   **¿CÓMO ESTÁS?**   잘 지내?

Diálogo

- **a** ¿Cómo estás?
- **b** Estoy muy bien, gracias. Y ¿tú?
- **a** También estoy bien.
  Y, ¿dónde está Juan?
- **b** Juan está en su casa.
  Está enfermo.
- **a** ¡Qué pena!

- **a** 잘 지내?
- **b** 아주 잘 지내. 너는?
- **a** 나도 잘 지내.
  후안은 어디에 있어?
- **b** 후안은 자기 집에 있어.
  아파.
- **a** 참 안됐다!

Vocabulario

cómo	어떤 (상태를 나타내는 의문사)
bien	잘
muy	아주
gracias	감사
la casa	집
su	그의, 당신의
enfermo	아픈
qué	무엇
la pena	안타까움

Vocabulario adicional

ocupado, a 바쁜　**cansado, a** 피곤한　**libre** 자유로운　**aburrido, a** 지루한
interesante 흥미로운　**agotado, a** 지친　**encantado, a** 반가운　**mucho** 많은

Esquema gramatical

불규칙 동사 **estar**의 변화형과 용법

estar			
(yo)	estoy	(nosotros)	estamos
(tú)	estás	(vosotros)	estáis
(él/ella/usted)	está	(ellos/ellas/ustedes)	están

용법

1. 장소를 표현한다.

Estoy aquí. 나는 여기 있다.
Ana está en Seúl. 아나는 서울에 있다.
Cristina está aquí conmigo. 크리스티나는 여기 나와 함께 있다.

2. 주어의 상태나 조건을 표현한다.

¿Cómo estás? 너 어때?
Estoy bien, gracias. 나는 좋아, 고마워.
No estoy bien. 나는 몸이 좋지 않아.
Los alumnos están muy ocupados. 학생들은 아주 바쁘다.

주의

estar 동사 뒤에 오는 보어 (형용사)들은 ser 동사처럼 항상 주어와 성. 수 일치를 이루어야 한다.
Estoy ocupado. 나는 바쁘다.
Ana está ocupada. 아나는 바쁘다.
Estamos ocupados. 우리들은 바쁘다.
Ellas están ocupadas. 그 여자들은 바쁘다.

Expresiones Útiles

¿Qué tal tu padre?	너의 아빠는 어떠셔?
tus amigos?	너의 친구들은 어때?
¿Cómo está tu madre?	너의 어머니는 어떠셔?
tu abuela?	너의 할머니는 어떠셔?
tu marido?	너의 남편은 어때?
¿Cómo están tus padres?	너의 부모님들은 어떠셔?
tus abuelos?	너의 조부모님들은 어떠셔?
Está bien.	좋아.
mal	좋지 않아
resfriado,a.	감기 걸렸어.
ocupado,a.	바빠.
Están bien.	좋아.
mal.	안 좋아.
resfriados, as.	감기 걸렸어.
ocupados, as.	바빠.

CULTURA ESPAÑOLA

스페인의 공용어

스페인에서는 대부분의 지역에서 스페인어 (까스떼야노)를 사용하지만, 일부 주에서는 다른 언어가 공용어로 사용되고 있다. 스페인에서는 주 정부가 그 주의 공용어를 제정할 수 있는 권한이 있어서 전체 17개 주 중 3개 주는 다른 언어를 그 지역의 공용어로 지정하였다. 이들 주는 카탈루냐, 갈리시아, 바스크 주이며 그들 주의 공용어는 각각 카탈루냐 어 (catalán), 갈리시아 어(gallego), 바스크 어 (vasco)이다. 이들 주에서는 도로 표지판, 공공 건물의 이름, 상가 이름 등이 이들 공용어로 되어 있으며, 학교에서 수업하는 언어도 이들 공용어로 하고 있다.

 5 Lección ¿ESTÁS MEJOR? 좀 나아졌어?

🎧 Diálogo

ⓐ ¿Cómo estás, Juan?

ⓑ Estoy resfriado, pero hoy estoy mejor.

ⓐ Bueno, y tu habitación es muy agradable.

ⓑ Sí, pero está bastante desordenada.

ⓐ ¿Puedes abrir la ventana?
Aquí hace calor

ⓑ Claro, la abro ahora. ¿Estás cómodo ahora?

ⓐ Sí, ahora estoy muy bien.

ⓐ 후안, 좀 어때?

ⓑ 나 감기 걸렸어, 하지만 오늘은 많이 좋아졌어.

ⓐ 그래, 그런데 너의 방은 참 아늑하구나.

ⓑ 맞아, 하지만 좀 지저분해.

ⓐ 창문 좀 열어도 될까? 여기는 더운데.

ⓑ 물론이지, 내가 열어 놓을게. 이제 좀 편해?

ⓐ 그래, 지금은 아주 좋아.

Vocabulario

pero	그러나	puedes	동사 **poder**(–할 수 있다)의 2인칭 단수형
hoy	오늘		
mejor	더 좋은	abrir	열다
bueno	좋은	la	목적 대명사 3인칭 단수형
tu	너의	la ventana	창문
la habitación	방	aquí	여기
agradable	분위기 좋은	hace calor	날씨가 덥다.
bastante	충분한	claro	분명한
Sí,	네	cómodo	편안한
desordenado,a	정돈이 안된	ahora	지금

Vocabulario adicional

cerrar 닫다 **ordenado, a** 정돈된 **sucio, a** 더러운 **limpio, a** 깨끗한
incómodo, a 불편한 **la puerta** 문 **el cuarto** 방 **el cuarto de baño** 욕실
el cuarto de estar, el salón 거실 **redondo, a** 둥근 **cuadrado, a** 사각형의

Esquema gramatical

"ser, estar + de" 표현법

1. "ser de" 표현은 주어의 출신, 소유, 재질을 나타내는 표현이다.

   Soy de Barcelona. 나는 바르셀로나 출신입니다.
   Ella es de Alicante. 그 여자는 알리칸테 출신입니다.
   Este libro es de Ana. 이 책은 아나 것 입니다.
   La mesa es de madera. 테이블은 나무로 되어 있습니다.

존칭어

이름이나 성 앞에 존칭의 의미로 존칭어를 사용한다. 성 앞에 붙는 존칭어에는 señor, señora, señorita, 이름 앞에는 존칭어 don, doña가 있다.

El señor Zapatero 사파테로 씨
La señora Ramírez 라미레스 부인
La señorita Chong 정양
Don Juan 돈 후안
Doña Sofía 도냐 소피아

주의

존칭어 앞에는 정관사를 동반하나, don, doña에는 관사를 붙이지 않는다.
Don Juan Carlos I es el rey de España. 돈 후안 카를로스 1세는 스페인 왕입니다.
Doña Sofía es reina. 도냐 소피아는 왕비입니다.

Expresiones Útiles

¿Puedo abrir la ventana?	창문 좀 열어도 될까요?
abrir la puerta?	문 열어도 될까요?
cerrar la puerta?	창문 닫아도 될까요?
cerrar la ventana?	문 닫아도 될까요?
subir el volumen de la radio?	라디오 볼륨 올려도 될까요?
sentarme aquí?	여기 앉아도 될까요?
llevar este folleto?	이 안내 책자 가져가도 될까요?
Sí. No importa.	상관 없습니다.
No. Me importa mucho.	아니오. 안됩니다.
Hace mucho calor.	날씨가 너무 덥다.
Hace frío.	날씨가 춥다.

CULTURA ESPAÑOLA

가족 (familia)

스페인에서 가장 기본적인 사회 구성 단위는 가족이다. 일상 생활에서 가족은 늘 함께하는 중요한 관계이다. 스페인 사람들은 항상 가족과 함께 하는 시간을 많이 갖고 가족간의 유대관계도 매우 돈독하다. 저녁 나절 거리로 나서면 어느 장소 어떤 공원에서든 가족들과 함께 여유롭게 산책을 즐기는 모습을 쉽게 목격할 수가 있으며, 휴가철이 되면 늘 가족과 함께 여행하는 모습도 볼 수가 있다. 또한 자식들은 부모의 가업을 이어받기를 원하고 그렇게 하고 있다. 이런 가정에서는 남자 즉, 아버지보다는 어머니의 역할이 더 중요시된다. 그래서, 결혼한 부부가 아들보다는 딸을 더 선호하는 경향이 있고, 노후에는 딸과 같이 살고 싶어 하는 노부부가 많다.

06　스페인어 말할 줄 알아?
07　어디에서 살아?
08　우리집은 여기에서 그리 멀지 않아.

¿HABLAS ESPAÑOL?
스페인어 말할 줄 알아?

6
Lección

🎧 Diálogo

ⓐ ¿Hablas español?

ⓑ Sí, pero un poco.

ⓐ ¿Dónde estudias español?

ⓑ Estudio en el Instituto Edesa.

ⓐ ¿Quién es su profesora?

ⓑ Mi profesora de español es Ana Belén.

ⓐ ¿Cómo es tu profesora?

ⓑ Es muy simpática, pero muy exigente.

ⓐ Me alegro de verte.

ⓑ Igualmente.

ⓐ 너 스페인어 말 할 줄 알아?

ⓑ 그래, 하지만, 조금.

ⓐ 너는 어디에서 스페인어 공부했는데?

ⓑ 나는 에데사 학원에서 공부했어.

ⓐ 너의 선생님은 누구야?

ⓑ 나의 스페인어 선생님은 아나 벨렌이야.

ⓐ 너의 선생님은 어떤 분인데?

ⓑ 아주 친절하셔 하지만 엄격해.

ⓐ 널 보게 되어서 반가워.

ⓑ 나도 마찬가지야.

Vocabulario

el español	스페인어, 스페인 남자	profesor, ra	교수
hablas	동사 **hablar**(말하다)의 2인칭 단수형	mi	나의
		simpático,a	친절한
un poco	약간	Exigente	요구가 많은, 엄격한
estudio	동사 **estudiar**(공부하다)의 1인칭 단수형	me alegro	나는 기쁘다.
		ver	보다
el instituto	학원, 학교	igualmente	역시
quién	누구 (사람을 가리키는 의문사)		

✎ Vocabulario adicional

el francés 불어, 프랑스 남자   **el coreano** 한국어, 한국 남자
el alemán 독일어, 독일 남자   **el japonés** 일본어, 일본 남자   **la escuela** 학교
el colegio 학교 (약어, **el cole**)   **la escuela primaria** 초등학교
la escuela secundaria 중등학교   **el bachillerato** 대학 예비 과정
la universidad 대학   **la clase** 수업, 강의실   **la clase de español** 스페인어 수업
qué 무엇 (사물을 지칭하는 의문사)   **la pizarra** 칠판   **la tiza** 분필
el lápiz 연필   **el bolígrafo** 볼펜 (약어 **el boli**)   **el aula** 강의실
desde −부터   **hace** −까지   **desde hace** −전부터

주의

스페인어의 단어들은 한 단어의 단, 복수, 남, 여성에서 강세의 위치는 동일하다. 따라서 el francés의 복수형에서는 불필요한 강세 위치가 사라진다는 거에 유의해야 한다. 여성형의 경우에도 같은 원칙이 적용된다.

el francés – los franceses – la francesa

또한, 단수형에 나타나지 않는 강세 표시가 복수형에서는 나타나는 단어들도 있다:

el examen – los exámenes

Esquema gramatical

✏ - 규칙 동사 -AR의 변화형

-ar로 끝나는 동사들은 어미를 인칭에 맞게 -o, -as, -a, -amos, -áis, -an으로 바꾸어 인칭에 일치 시킨다.

Hablar (말하다)			
(yo)	hablo	(nosotros/as)	hablamos
(tú)	hablas	(vosotros/as)	habláis
(él/ella/usted)	habla	(ellos/ellas/ustedes)	hablan

Hablo español y francés. 나는 스페인어와 불어를 말한다.

Cristina habla bien inglés. 크리스티나는 영어를 잘 말한다.

¿Cuántos idiomas habla usted? 당신은 몇 개의 언어를 말합니까?

Tres. Hablo español, inglés y coreano. 세 개 입니다. 스페인어, 영어, 한국어를 말합니다.

Hoy hablamos de la literatura española. 오늘 우리는 스페인 문학에 대해 말합니다.

Ahora el profesor habla con los alumnos. 지금 교수는 학생들과 말합니다.

Estudiar (공부하다)			
(yo)	estudio	(nosotros/as)	estudiamos
(tú)	estudias	(vosotros/as)	estudiáis
(él/ella/ustedes)	estudia	(ellos/ellas/ustedes)	estudian

Estudiamos matemáticas. 우리는 수학을 공부합니다.

¿Qué estudias ahora? 너는 지금 무엇을 공부하고 있어?

Estudio español desde hace un mes. 나는 한달 전부터 스페인어를 공부하고 있다.

〈동일한 변화를 하는 동사들〉
amar (사랑하다) andar(걸어가다), caminar (걸어가다), bailar (춤추다), bajar (내리다), buscar (찾다), cantar (노래하다), comprar (물건을 사다), desear (원하다), enseñar (가르치다), llamar (부르다), preparar (준비하다)

✏ Adjetivo posesivo (소유 형용사)

소유 형용사는 소유를 의미하는 형용사로 스페인어에서는 명사 앞에 위치하는 전치형과 명사 뒤에 위치하는 후치형이 있다. 소유 형용사도 다른 형용사처럼 명사의 성.수에 일치해야 한다. 여기에서는 전치형의 형태만 살펴본다.

	단수	복수
1인칭	mi, mis (나의)	nuestro, a, os, as (우리들의)
2인칭	tu, tus (너의)	vuestro, a, os, as (너희들의)
3인칭	su, sus (그의, 그녀의, 당신의)	su, sus (그들의, 그녀들의, 당신들의)

Mi libro está sobre la mesa. 내 책은 테이블 위에 있다.

Mi padre es abogado. 나의 아버지는 변호사이시다.

Su madre es enfermera. 그의 어머니는 간호사이다.

Nuestra comida está preparada. 우리 음식이 준비되어 있다.

Tu hermano estudia empresarial. 너의 형은 경영학을 공부하고 있다.

Vuestras casas están muy lejos. 너희들의 집들은 너무 멀리 있다.

¿Dónde están tus padres? 너의 부모님들은 어디에 계셔?

✏ 긍정문, 부정문, 의문문

문장은 긍정문, 부정문, 의문문으로 구분되며, 대략적인 문장의 순서는 다음과 같다.

긍정문: "주어 – 동사 – 목적어 (보어)"

Cristina es estudiante. 크리스티나는 학생이다.

부정문: "주어 – **no** – 동사 – 목적어 (보어)"

Cristina no es estudiante. 크리스티나는 학생이 아니다.

의문문 1: "¿ 동사 – 주어 – 목적어 (보어)?" 혹은 "¿ 주어 – 동사 – 목적어 (보어)?"

¿Cristina es estudiante? ¿Es Cristina estudiante?

크리스티나는 학생입니까?

의문문 2: "¿ 의문사 – 동사 – 주어?"

¿Quién es ella? 그녀는 누구입니까?

Expresiones Útiles

¿Dónde trabajas?   너는 어디에서 일해?

       cantas?   너는 어디에서 노래불러?

       baila ella?   그녀는 어디에서 춤추고 있어?

Trabajo en una empresa publicitaria.   나는 광고회사에서 일해.

¿Quién es ella?   그녀는 누구입니까?

       usted?   당신은 누구십니까?

Ella es mi profesora de español   그녀는 나의 스페인어 선생님입니다.

¿Quiénes son ellas?   그 여자들은 누구입니까?

       ustedes?   당신들은 누구입니까?

Ellas son mis primas.   그여자들은 나의 사촌들입니다.

¿Cómo es ella?   그녀는 어떤 사람입니까?

       su profesora?   당신의 교수는 어떤 분입니까?

       su madre?   당신의 어머니는 어떤 분입니까?

Ella es alta, guapa y muy simpática.   그녀는 키가 크고, 예쁘고 아주 상냥합니다.

Me alegro de visitar España.   나는 스페인을 방문하게되어서 기쁩니다.

       estar con ella aquí.   여기에 그녀와 같이 있어서

       hablar con Cristina.   크리스티나와 말하게되어서

Me alegro mucho de conocerle.   나는 당신을 알게되어서 무척 기쁩니다.

CULTURA ESPAÑOLA

이름과 성

스페인 사람들은 하나 혹은 두 개의 이름을 갖는다. 남자의 이름으로는 Juan, Pedro, Roberto, Julio, José, José María. 등이 많이 사용되고, 여자의 이름은 María, Ana, Eva, Teresa, Cristina, …등이다. 성은 기본적으로 아버지의 성과 어머니의 성을 함께 표기한다. 여자의 경우 결혼 등의 이유로 남편의 성을 따르는 경우가 없다. José Luis Rodríguez Zapatero 현 스페인 수상의 경우 José Luis 이름, Rodríguez 는 아버지 성, Zapatero 어머니 성이다. 그리고 자신의 대표성을 내세울 경우, 보통은 아버지 성을 많이 따르지만, 어머니 성을 내세 우는 사람도 있다. 지금의 수상은 어머니 성을 대표성으로 내세워서, Zapatero 수상 (el Presidente Zapatero, el señor Zapatero) 이라고 불린다.

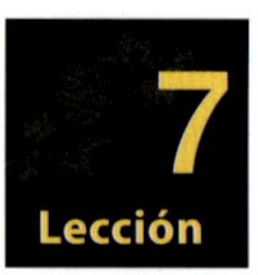

¿DÓNDE VIVES? 어디에서 살아?

Lección 7

🎧 Diálogo

ⓐ Hola, ¿dónde está Juan?

ⓑ Está en el aula. Ahora estudia español.

ⓐ Y tú, ¿dónde vives?

ⓑ Vivo cerca de aquí.

ⓐ Bueno, yo vivo en el Colegio Mayor San Juan.

ⓑ Enconces, ¿Conoces a María Ramírez?

ⓐ Lo siento, no la conozco.

ⓐ 안녕, 후안은 어디에 있어?

ⓑ 지금 수업 중이야. 스페인 공부하고 있어.

ⓐ 너는, 어디에서 사는데?

ⓑ 여기 근처에서 살아.

ⓐ 그래, 나는 산 후안 기숙사에서 살고 있어.

ⓑ 그러면, 너 마리아 라미레스 알아?

ⓐ 미안해, 몰라.

Vocabulario

vives	동사 **vivir**(살다)의 2인칭 단수형
el aula	강의실 (여성 명사)
cerca de	– 가까이에
entonces	그러면
conoces	동사 **conocer**의 2인칭 단수형
a	전치사 (–에게, –를, –로)
Lo siento	죄송합니다.
el colegio mayor	기숙사
Bueno	그래!

Vocabulario adicional

el piso 아파트 (보통 방 2개 이상의 아파트)　**el apartamento** 아파트 (보통 방 1개의 아파트)
el estudio 아파트 (원룸 형)　**ahí** 저기　**allí** 거기　**lejos de** – 에서 먼
el pueblo natal 고향　**acompañar** 동행하다　**el compañero** 동료, 동거인
la compañera 여자 동료, 동거인

Esquema gramatical

규칙동사 2: **-er**

동사의 어미가 –er인 동사들은 그 어미를 인칭에 따라 "–o, -es, -e, -emos, -éis, -en"으로 바꾸어 변화시킨다.

comer (먹다)			
(yo)	como	(nosotros/as)	comemos
(tú)	comes	(vosotros/as)	coméis
(él/ella/usted)	come	(ellos/ellas/ustedes)	comen

Ella come una ensalada y una paella. 그녀는 샐러드와 파에야를 먹는다.
El domingo comemos a las dos. 우리는 일요일에 두 시에 점심 식사한다.

〈동일한 변화를 하는 동사들〉
aprender (배우다), beber (마시다), vender (팔다), comprender (이해하다), creer (믿다)

규칙동사 3: -ir

동사의 어미가 –ir로 끝나는 동사들은 그 어미를 인칭에 따라 "-o, -es, -e, -imos, -ís, -en"으로 바꾸어 변화형을 만든다:

Vivir (살다)			
(yo)	vivo	(nosotros/as)	vivimos
(tú)	vives	(vosotros/as)	vivís
(él/ella/usted)	vive	(ellos/ellas/ustedes)	viven

¿Dónde vives? 너는 어디에 살아?
Vivo en Madrid. 나는 마드리드에 살아.
Juan vive lejos de la escuela. 후안은 학교에서 먼 곳에 살고 있어.

〈동일한 변화를 하는 동사들〉
escribir (글을 쓰다), abrir (열다), cubrir (덮다), descubrir (발견하다), subir (오르다)

Conocer (알다)			
(yo)	conozco	(nosotros/as)	conocemos
(tú)	conoces	(vosotros/as)	conocéis
(él/ella/usted)	conoce	(ellos/ellas/ustedes)	conocen

¿A quién conoces? 너는 누구를 알고 있어?
Conozco bien a María. 나는 마리아를 잘 알고 있어.
No conozco Sevilla, pero conozco bien Granada
나는 세비야에 대해 잘 모르지만 그라나다는 잘 알고 있습니다.

Querer (원하다, 사랑하다)

(yo)	quiero	(nosotros/as)	queremos
(tú)	quieres	(vosotros/as)	queréis
(él/ella/usted)	quiere	(ellos/ellas/ustedes)	quieren

La quiero. 나는 그녀를 사랑한다.

Ella quiere un trabajo. 그녀는 일자리를 원한다.

Queremos ir a Europa. 우리는 유럽에 가고 싶습니다.

주의 인칭 목적어와 전치사 **a**

스페인에서는 목적어가 사람을 지칭하면 반드시 그 앞에 전치사를 동반해야 한다.

Juan conoce a Ana. 후안은 아나를 알고 있습니다.

Conozco bien a Cristina. 나는 크리스티나를 잘 알고 있다.

Quiero mucho a Cristina. 나는 크리스티나를 무척 사랑한다.

직접목적대명사 Pronombres de objetos directos

스페인어에서 타동사의 목적어는 목적 대명사로 바꾸어 사용할 수 있다. 이 목적 대명사는 동사의 앞에 위치하며 인칭에 따라 구별되어 사용된다.

	단수	복수
1인칭	me (나를)	nos (우리들을)
2인칭	te (너를)	os (너희들을)
3인칭	le (그를 당신을)	les (그들을, 당신들을)
	lo (그를, 당신을, 그것을)	los (그들을, 당신들을, 그것들을)
	la (그녀를, 그것을)	las (그녀들을, 그것들을)

Te quiero. 나는 너를 사랑한다.

Ella me quiere pero no la quiero. 그녀는 나를 사랑하지만 나는 그녀를 사랑하지 않는다.

Juan tiene un coche pero Pedro no lo tiene. 후안은 차를 하나 갖고 있지만, 페드로는 없다.

 여성 단수 명사 앞에 붙는 남성 관사.

스페인어에서는 발음의 중복 현상에 의해 여성 명사이지만 남성 관사를 동반하는 단어들이 있다. 여기에 해당되는 단어들은 강세 있는 "a-", 혹은 "ha-"로 시작하는 단어들이다.

> el aula un aula 강의실
> el agua un agua 물
> el hacha un hacha 도끼
> el águila un águila 독수리

하지만 이 단어들이 복수형이 되었을 경우에는 원래의 성에 따라 여성 복수형 관사가 앞에 위치한다. 또한 형용사가 수식할 경우 형용사도 여성형으로 수식해야 한다.

> las aulas unas aulas
> las aguas unas aguas
> las hachas unas hachas
> las águilas unas águilas
> el agua fría 찬물
> el aula limpia 깨끗한 강의실

Expresiones Útiles

Ella **me** quiere mucho.	그녀는 나를	무척 사랑한다.
te	너를	
nos	우리를	
No **te** quiero.	나는 너를	사랑하지 않는다.
la	그녀를	
os	너희들을	
les	그들을	

CULTURA ESPAÑOLA
스페인의 지형

유럽의 남서쪽 이베리아 반도에 위치한 스페인은 북동쪽은 피레네 산맥을 사이에 두고 프랑스와 접해있고, 북서쪽은 대서양, 동쪽으로는 지중해에 둘러싸여 있다. 그리고 서쪽은 포르투갈과 접해있고 남쪽은 지브롤터 해협을 사이 두고 아프리카 대륙을 건너다 보고 있다. 스페인의 면적은 이 반도의 84.7%인 50만 4788 평방 킬로미터이며 (한반도의 두배 반 정도), 지중해 상의 발레아레스 군도 (마요르카Mallorca, 메노르카 Menorca, 이비사Ibiza)과 대서양상에 있는 카나리아 군도, 그리고 아프리카 모로코에 있는 멜리야 Mellia, 세우타Ceuta 두 도시 등도 스페인 영토이다. 스페인 지형의 특징은 반도 중심부의 메세타 지형이다. 이 지형은 해발 600~800미터에 위치해 있어서 유럽에서는 스위스 다음가는 고산지대로 알려져 있다. 또한 3천 미터에 달하는 높은 산맥들이 많고, 고원, 평야가 조화롭게 어우러진 다양한 지형을 갖고 있다.

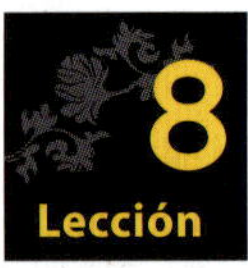

8
Lección

MI CASA NO ESTÁ TAN LEJOS DE AQUÍ.
우리 집은 여기에서 그리 멀지 않아.

🎧 Diálogo

ⓐ Y tu casa, ¿está lejos de aquí?
Tú, siempre llegas tarde a clase.

ⓑ Sí... la verdad es que no está tan lejos de aquí.
Por las mañanas trabajo en una cafetería, y luego voy al colegio.

ⓐ ¿De verdad? Vives muy ocupado.

ⓑ Sí, tengo que ganar dinero para estudiar.

ⓐ Si necesitas ayuda, siempre puedes pedírmela, por favor.

ⓑ Gracias.

ⓐ 너의 집은 여기에서 멀어? 너는 항상 수업에 지각하잖아.

ⓑ 맞아... 사실 여기에서 그리 멀지 않아.
아침마다 카페에서 일하고 그리고 학교에 오거든.

ⓐ 정말? 너는 정말 바쁘게 사는구나.

ⓑ 맞아, 나는 내가 학비를 벌어야 해.

ⓐ 도움이 필요하면, 언제든지 나에게 부탁해.

ⓑ 고마워.

Vocabulario

siempre	항상	pedir	요구하다
tarde	늦게	tengo que	−해야만 한다
la clase	교실	ganar	벌다. 이기다.
de verdad	정말로	el dinero	돈
por las mañanas	매일 아침마다	para	목적의 전치사
una cafetería	커피 숍	la ayuda	도움
luego	나중에	por favor	제발 (영어의 **please**)

Vocabulario adicional

temprano 일찍   **de vez en cuando** 때때로   **a veces** 가끔   **a menudo** 자주
muchas veces 자주   **por las tardes** 매일 오후마다   **por las noches** 매일 저녁마
다   **toda la mañana** 아침 내내   **toda la tarde** 오후 내내   **toda la noche** 저녁 내
내   **todos los días** 매일 매일   **todo el día** 하루 종일

Esquema gramatical

necesitar (필요하다)			
(yo)	necesito	(nosotros/as)	necesitamos
(tú)	necesitas	(vosotros/as)	necesitáis
(él/ella/usted)	necesita	(ellos/ellas/ustedes)	necesitan

Necesito información sobre los cursos de español.
나는 스페인어 과정에 관한 정보가 필요합니다.
Necesito descansar ahora. 나는 지금 휴식할 필요가 있다.

Pedir (요구하다)			
(yo)	pido	(nosotros/as)	pedimos
(tú)	pides	(vosotros/as)	pedís
(él/ella/usted)	pide	(ellos/ellas/ustedes)	piden

Le pido perdón a ella. 나는 그녀에게 용서를 구한다.

Te pedimos practicar la conjugación de los verbos.
우리는 너에게 동사 변화 형을 연습하라고 요구한다.

 간접 목적 대명사 (Pronombre de objeto indirecto)

	단수	복수
1인칭	me (나에게)	nos (우리들에게)
2인칭	te (너에게)	os (너희들에게)
3인칭	le (se) (그에게, 그녀에게, 당신에게)	les (se) (그들에게, 그녀들에게, 당신들에게)

간접 목적어는 직접 목적어처럼 목적 대명사로 바꾸어 표현할 수 있다. 또한 직접 목적대명사처럼 동사 앞에 위치한다.

Mis madres me dan un regalo en Navidad.
나의 부모님은 크리스마스 때 나에게 선물을 주신다.
Te doy muchas gracias. 나는 너에게 많이 감사해 한다.
Ella siempre me da un besito. 그녀는 항상 나에게 가벼운 키스를 한다.

동사 원형의 목적어일 경우 목적 대명사는 동사 원형 뒤에 한 단어처럼 붙여 사용될 수 있다.

Quiero tenerlo. 나는 그것을 갖고 싶다.
Puedo regalarle un abrigo de visón. 나는 그녀에게 밍크 코트를 선물해 줄 수 있다.

Expresiones Útiles

Llego a casa	나는 집에 도착한다.
Por la mañana voy al colegio.	아침에 나는 학교에 간다.
Por la tarde descanso un poco.	오후에 나는 약간 휴식을 취한다.
Mi pueblo natal está cerca de aquí.	나의 고향은 여기에서 멀다.
La verdad es que no vivo aquí.	사실 나는 여기에 살지 않는다.
Tengo que ganar mucho dinero.	나는 많은 돈을 벌어야 한다.
Tienes que descansar un poco.	너는 조금 쉬어야 한다.
Tenemos que salir de casa ahora.	우리는 지금 외출해야 한다.

스페인의 역사는 이베리아 반도에 이베로족과 켈트족이 정착하면서 시작됐다. 반도 국가의 지리적 요건 따로에 요충지로 발달할 수 있었는데, 이는 타민족의 침략을 자주 받게 되는 요인이 되기도 했다. 기원전 1세기 경부터 페니키아인, 카르타고인들이, 그리고 기원전 2세기 경에는 로마인들이 스페인으로 침입해 들어와 500년간 로마의 지배를 받는다. 게르만 민족의 대이동으로 5세기 중엽부터 서고트 인들이 반도에 왕국을 세웠고, 711년에 이슬람 교도인 무어인들이 침입해와 이슬람 왕국을 세운다. 그 후 이슬람 세력을 반도에서 몰아내기 위한 스페인의 국토회복 운동이 전개되고 스페인 왕국은 1492년 마침내 마지막 이슬람 세력인 그라나다 왕국을 함락시킴으로써 절대 왕정시대를 연다. 그 해에 콜럼버스의 신대륙 발견과 함께 해외 식민지 개척에 박차를 가하게 되면서 한때 세계의 절반을 식민지로 갖고 있던 스페인도 1588년 무적함대가 영국에게 패하면서 서서히 해외 식민지를 잃게 된다. 그 후 식민지의 독립 운동과 정치적 혼란, 그리고 나폴레옹의 침략으로 인해 몰락의 길을 걷게 된다. 1936년부터 3년간 내란을 겪은 후 프랑코 장군이 정권을 장악하면서 36년간 군부 독재를 경험한다. 프랑코의 사후에는 입헌 민주주의 국가 체제를 수립하여 오늘에 이르고 있다.

09   이 근처에 은행이 있나요?
10   너의 집은 아파트야?
11   여기가 너의 방이야.
12   학교 까지 어떻게 갈 수 있나요?
13   세비야 여행을 하고 싶어.

9 Lección
¿HAY UN BANCO POR AQUÍ CERCA?
스페인어 말할 줄 알아?

Diálogo

ⓐ ¿Hay un banco por aquí?

ⓑ Hay dos bancos, uno a la izquierda y otro a la derecha, aquí mismo.

ⓐ ¿Cuál está más cerca?

ⓑ El de la derecha está más cerca.

ⓐ Gracias.

ⓑ De nada.

ⓐ 이 근처에 은행 있나요?

ⓑ 두 개가 있습니다, 하나는 왼쪽에, 그리고 다른 하나는 바로 여기 오른쪽에.

ⓐ 어느 곳이 더 가까운가요?

ⓑ 왼쪽 은행이 더 가깝습니다.

ⓐ 감사합니다.

ⓑ 천만에요.

Vocabulario

el banco	은행
por aquí	여기 근처
hay	–이 있다
a la izquierda	왼쪽에
a la derecha	오른쪽에
aquí mismo	바로 여기
cuál	어떤 것 (선택의 의미를 지닌 의문사)
más cerca	더 가까이
de nada	천만에요.

✐ Vocabulario adicional

por ahí 거기 근처에   **por allí** 저기 근처에   **al lado de** –의 옆에
cercano 가까운   **lejano** 먼   **ahí mismo** 바로 거기   **allí mismo** 바로 저기
hoy mismo 오늘 당장   **ahora mismo** 지금 당장   **No hay de qué** 천만에요.

Esquema gramatical

존재를 나타내는 표현에는 estar 동사 이외에도 Hay 를 사용하는 표현법이 있다. Hay 동사는 비인칭 표현으로, 이표현에서 주의 할 점은 Hay 동사 다음에는 한정된 명사가 올 수 없다는 사실이다.

✐ Hay

> Hay + un/una/unos/unas + 명사
> 　　　dos/tres/cuatro...

¿Hay un bar por aquí cerca? 여기 근처에 바가 있나요?
Hay uno al lado de la calle. 거리 반대편에 하나 있습니다.
Hay mucha gente en la plaza. 광장에는 많은 사람들이 있다.

✒ **estar** 동사와 **hay**의 차이점

estar 동사는 이미 존재하고 있다는 사실을 알고 있는 상황하에서, 그 대상이 "~에 있다"는 표현을 할 때 사용된다. 따라서 이 동사의 주어는 한정된 명사가 위치하며, hay 동사와는 달리 정관사가 사용된다.

El coche está en el garaje. 그 자동차는 차고에 있습니다.
Hay un coche en el garaje. 차고에 차 한대가 있습니다.
Juan y Ana están en el cine. 후안과 아나는 영화관에 있습니다.
Hay unas personas en la calle. 거리에는 몇 명의 사람들이 있습니다.

✒ 비교급 표현 1 **Expresiones comparativas**

> más + 형용사/부사/명사 + que
> 동사 + más + que

Cristina es más guapa que aquella chica. 크리스티나는 저 여자보다 더 예쁘다.
Trabajo más que aquel obrador. 나는 저 일꾼보다 일을 더 많이 한다.

Expresiones Útiles

ⓐ Perdone, ¿dónde está la oficina de Correos?

ⓑ Ahí enfrente, cruzando la calle.

ⓐ Gracias. Una cosa más. ¿Hay una boca de metro por aquí?

ⓑ No sé, no soy de aquí.

ⓐ 죄송하지만, 우체국이 어디에 있나요?

ⓑ 저기 맞은편, 길 건너에 있습니다.

ⓐ 감사합니다. 한가지 더. 여기에 지하철 입구가 있나요?

ⓑ 잘 모르겠습니다. 저는 여기 출신이 아닙니다.

Hay un bar a la derecha.	오른쪽에	바가 있다.
a la izquierda.	왼쪽에	
al lado de la calle.	거리 맞은 편에	
enfrente del banco.	은행 앞에	

CULTURA ESPAÑOLA
스페인 왕조 Rey de España

스페인 왕조의 시작은 14세기 말 카스티야 왕국의 이사벨 여왕과 아라곤 왕국의 페르난도 왕의 결혼에서 시작된다. 두 왕국이 결합하면서 스페인에서 가톨릭 왕조가 탄생하고 이들은 1492년에 이슬람 세력의 마지막 거점인 그라나다 왕국을 함락시킴으로써 절대 왕정 시대를 연다. 이 왕조의 뒤를 오스트리아의 합스브르그 왕가의 카를로스 1세가 스페인 왕정을 이어간다. 18세기 초반 스페인에서의 왕위 계승 전쟁의 결과로 왕조는 프랑스의 부르봉 왕조의 지배를 받는다. 한때 군부 독재자 프랑코에 의해 왕권이 사라진 시기도 있었지만, 프랑코 사후 왕정이 복권되어 지금의 왕인 후안 카를로스 1세가 통치를 하고 있다. 스페인에서 왕의 위치는 단지 상징적인 의미를 떠나 군부의 수장으로 그리고 국가의 최고 위치에 있다. 아직도 많은 스페인 사람들은 현 군주제를 찬성하고 있으며, 이들 왕족은 스페인 뿐만 아니라 유럽인들의 많은 사랑을 받고 있다.

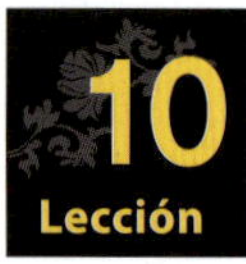

10 Lección

¿VIVES EN UN PISO?
너의 집은 아파트야?

🎧 Diálogo

ⓐ ¿Vives en un piso?

ⓑ Sí, vivo en un piso con unos amigos.

ⓐ ¿Es grande tu piso?

ⓑ Sí, tiene salón, comedor, baño, y tres dormitorios.

ⓐ Es un piso bastante grande.

ⓑ Sí. Pero, es un poco desordenado.

ⓐ 너는 아파트에서 살아?

ⓑ 그래, 친구 몇 명과 아파트에서 살아.

ⓐ 너의 아파트는 넓어?

ⓑ 맞아, 거실, 식당, 화장실 그리고 침실이 세 개 있어.

ⓐ 정말 넓은 아파트구나.

ⓑ 그래, 하지만 좀 지저분해.

Vocabulario

el piso	아파트
con	–와 함께
el salón	거실
el comedor	식당
el baño	화장실
el dormitorio	침실
bastante	충분한, 충분히
grande	큰
desordenado	정돈되지 않은
un poco	약간

✐ Vocabulario adicional

la cocina 주방   **el cuarto de baño** 욕실   **la habitación** 방   **el cuarto** 방
el pasillo 복도   **al final de** –의 끝에   **pequeño** 작은   **un poco de** 약간의

주의

un poco와 un poco de의 차이점

약간을 의미하는 표현이지만, "un poco + 형용사", "un poco de + 명사"로 구분되어 사용된다.

Este problema es un poco difícil 이 문제는 약간 어렵다.

Estoy un poco cansado. 나는 약간 피곤하다.

Tengo un poco de libros. 나는 약간의 책이 있다.

Ella necesita un poco de dinero. 그녀는 약간의 돈이 필요하다.

Esquema gramatical

Tener (가지다)

(yo)	tengo	(nosotros/as)	tenemos
(tú)	tienes	(vosotros/as)	tenéis
(él/ella/usted)	tiene	(ellos/ellas/ustedes)	tienen

¿Cuántos años tiene Cristina? 크리스티나는 몇살입니까?

Ella tiene veintisiete años. 그녀는 27살 입니다.

Tengo un coche deportivo. 나는 스포츠카 한대를 갖고 있다.

Todos los alumnos tienen sueño. 모든 학생들은 졸려한다.

직접, 간접 목적 대명사 (Pronombre de objetos directos y indirectos)

me		
te		
se		
nos	+	lo/la/los/las
os		
se		

문장에서 직접, 간접 목적 대명사가 같이 나타날 경우, 그 순서는 항상 "간접 목적대명사 + 직접 목적대명사" 의 어순을 갖는다. 동사 원형 뒤에 위치할 때에도 동일한 어순을 유지하다. 그리고, 목적 대명사가 모두 3인칭인 경우, 간접 목적대명사는 "se'형을 사용해야 한다.

¿Me das tu número de teléfono? 나에게 너의 전화번호 줄래?

Sí, ahora te lo doy. 그래 지금 줄게.

¿Le vas a prestar las revistas a Juan? 너 후안에게 잡지 빌려줄거야?

Sí, se las voy a prestar. 그래, 빌려줄거야.

¿Te dan la beca? 장학금 받아?

Sí, me la dan. 그래, 받아.

¿Te envías Carlos el correo? 카를로스가 너에게 편지 보내?

Sí, me lo envía todos los días. 그래, 매일 보내.

✏ 비교급 표현 2 **Expresiones comparativas**

1. 열등 비교

> menos + 형용사/부사/명사 + que
>
> 동사 + menos + que

Ana es menos alta que Cristina. 아나는 크리스티나보다 덜 예쁘다.
Cristina tiene menos desventajas que yo 크리스티나는 나보다 단점이 더 적다.
Teresa estudia menos que nosotros. 테레사는 우리보다 공부를 더 적게 한다.

2. 동등 비교

> tan + 형용사/부사+ como
>
> tanto + 명사 + como
>
> 동사 + tanto como

Juan es tan inteligente como Pedro. 후안은 페트로만큼 똑똑하다.
Ana lee tantas novelas como tú. 아나는 너만큼 소설을 읽는다.
Ese chico tiene tantos problemas como su hermana. 저 소년은 그의 누나만큼 문제가 많다.

✏ 비교급 불규칙 형태

bueno (bien), malo (mal), grande, pequeno의 비교급 형태는 불규칙이다.

> bueno – mejor
>
> malo – peor
>
> grande – mayor, más grande
>
> pequeño – menor, más pequeño

Esta cama es mucho mejor que aquélla. 이 침대는 저 것보다 매우 더 좋다.
Pedro trabaja peor que tú. 페드로는 너보다 일을 잘 못한다.
Esta casa es más grande que ésa. 이집은 저 집보다 크다.
Cristina es menor que yo. 크리스티나는 나보다 어리다.

grande, pequeño의 비교급 mayor, menor는 보통 나이 비교, más grande, más pequeño는 크기 비교로 구별해서 사용되지만, 최근의 경향은 모두 mayor, menor로 표현하는 경향이 있다.

Expresiones Útiles

ⓐ ¿Dónde vives?

ⓑ Vivo cerca de aquí con una familia española.¿Y tú?

ⓐ Yo, en un piso, con otros estudiantes.
Es barato y está muy cerca de la escuela.

ⓐ 너 어디에 살아?

ⓑ 여기 가까이에서 스페인 가족과 같이 살고 있어. 너는?

ⓐ 나는 다른 학생들과 아파트에서 같이 살아. 값도 싸고 학교에서 아주 가까이에 있어.

Mi casa está **un poco** lejos de aquí.	우리 집은 여기에서 조금 멀리 있다.
bastante	어느 정도
muy	아주
demasiado	지나치게
Mi casa **está a** 15 minutos en autobús.	우리 집은 버스로 15분 거리에 있다.
a pie.	걸어서
en coche.	승용차로
en metro.	지하철로
en bicicleta.	자전거로
está a 5 kilómetros de aquí.	여기로부터 5킬로 떨어져 있다.

CULTURA ESPAÑOLA
스페인의 주거형태

스페인은 다른 지중해 국가들처럼 도시를 중심으로 사람들이 모여 살았고 그로 인해 단독 주택보다는 아파트 주거 형태가 많이 발달해 있다. 대도시들의 주거 형태는 피소piso라 불리는 아파트가 주를 이루고 있으며, 도시 외곽 교외에는 빌라 형의 단독 주택들이 많이 건설되어 있다. 아파트에는 보통 2-3개의 작은 방과 넓은 거실, 욕실, 식당, 주방이 있는데, 우리와는 달리 방의 기능은 보통 잠자는 기능만 있고, 주로 거실에서 가족들과 많은 시간을 보내는 특징을 보여준다.

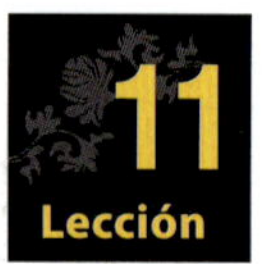

ÉSTA ES TU HABITACIÓN.
여기가 너의 방이야.

11 Lección

🎧 Diálogo

a Mira, ésta es tu habitación.
Aquí, al lado, están el salón y la cocina, y al final del pasillo, está el cuarto de baño.

b Muchas gracias, Carmen, es usted muy amable.
¿Y los otros chicos? Ahora no están en la casa?
Quiero conocerlos ahora mismo.

a Ellos están de viaje por Sevilla.
Vuelven dentro de unos días.

b Bueno, Gracias.

a De nada.

a 봐, 이게 너의 방이야.
여기 옆에 거실과 부엌이 있고, 복도 끝에 화장실이 있어.

b 정말 고마워, 카르멘. 너는 정말 친절하구나.
그리고 다른 애들은? 지금 집에 없어? 지금 당장 알고 싶은데.

a 그들은 지금 세비야 여행 중이야. 며칠 내로 돌아와.

b 그래, 고마워.

a 천만에.

Vocabulario

la habitación	방
al lado de	–의 옆에
la cocina	주방
al final de	–의 끝에
el pasillo	복도
el cuarto de baño	욕실
amable	친절한
quiero	동사 **querer**의 1인칭 단수형
estar de viaje	여행 중이다
volver	돌아오다.
dentro de	–이내에
unos días	며칠

Vocabulario adicional

la mesilla 작은 테이블   **el armario** 옷장   **el sofá** 소파   **la cama** 침대

el sillón 안락 의자   **el espejo** 거울   **el salón-comedor** 거실 겸 식당   **la terraza** 테라스

Esquema gramatical

지시 형용사 (Adjetivos demostrativos)

지시 형용사는 지사하는 방향에 따라 este (이), ese (그), aquel (저) 세가지 형태로 구분되며, 항상 수식하는 명사의 성.수와 일치하여야 한다.

	단수	복수
남성	este	estos
여성	esta	estas

	단수	복수
남성	ese	esos
여성	esa	esas

	단수	복수
남성	aquel	aquellos
여성	aquella	aquellas

este libro	이 책	estos libros	이 책들
esta casa	이 집	estas casas	이 집들
ese libro	그 책	esos libros	그 책들
esa casa	그 집	esas casas	그 집들
aquel libro	저 책	aquellos libros	저 책들
aquella casa	저 집	aquellas casas	저 집들

지시 대명사 (Pronombres demostrastivos)

지시대명사는 지시 형용사와 형태가 같지만, 문장에서 구분을 위해 강세 위치에 강세 표시를 한다: (éste, ésta, éstos, éstas, ése, ésa, ésos, ésas, aquél, aquélla, aquéllos, aquéllas).

Esta casa es mía y aquélla es tuya. 이집은 우리 집이고 저 집은 너의 집이다.

Ana y Cristina son mis mejores amigas: ésta es argentina y aquélla es española. 아나와 크리스티나는 나랑 친한 친구들이다: 후자는 아르헨티나 여자이고, 전자는 스페인 여자이다.

Expresiones Útiles

El cuarto de baño está **al lado de**	la cocina.	욕실은 주방 옆에	있다.
delante de		앞에	
detrás de		뒤에	

Juan y Ana están de vacaciones. 후안과 아나는 휴가 중이다.

Cristina y yo estamos de luna de miel. 크리스타와 나는 신혼 여행 중이다.

Ricardo está de paso aquí. 리카르도는 잠시 여기에 들린다.

CULTURA ESPAÑOLA

마드리드

스페인의 수도인 마드리드는 해발 646m의 고지대에 자리잡은 도시로 9세기 후반 이슬람 영토의 북쪽을 지키는 성채가 있던 작은 마을이었다. 그 후 1561년 펠리페 2가 수도로 정한 후 400년 동안 스페인의 정치. 경제. 문화의 중심지로 발달해왔다. 오늘날 마드리드는 건축 박물관을 연상케하는 다양한 양식의 건물이 구시가에 집약적으로 모여 있고 왕가와 귀족들의 수집품을 전시하는 미술관이 도심 곳곳에 있다. 뿐만 아니라 스페인의 기질을 느껴볼 수 있는 다양한 볼거리가 많아늘 활기가 넘치는 지역이다.

12 ¿CÓMO VOY A LA UNIVERSIDAD?
Lección
학교까지 어떻게 갈 수 있나요?

🎧 Diálogo

a ¿Cómo voy a la universidad?

b Puedes ir en metro o en autobús.

a ¿Están muy lejos las paradas de autobuses?

b No, no mucho. Todo recto por esta calle hasta el final.
Luego, giras a la derecha,
cruzas la calle y ahí está la parada.

a Muchas gracias. Eres muy amable.

b No hay de qué.

a 학교에 어떻게 갈 수 있어?

b 지하철이나 버스 타고 갈 수 있어.

a 버스 정류장은 멀어?

b 아니, 그리 멀지 않아.
이 거리 끝까지 똑바로 가서, 오른 쪽으로 돌아,
거리를 건너면 거기에 있어.

a 고마워, 너는 정말 친절해.

b 천만에.

Vocabulario

puedes	동사 **poder**의 2인칭 단수형
en metro	지하철 타고
en autobús	버스 타고
la parada de autobuses	버스 정류장
todo recto	똑바로
hasta el final	끝까지
luego	나중에
giras	동사 **girar** (돌다)의 2인칭 단수형
a la derecha	오른쪽에
cruzas	동사 **cruzar** (건너가다)의 2인칭 단수형
No hay de qué	천만에요
lejos	멀리

✐ Vocabulario adicional

la estacion de autobuses 버스 터미널 **la estación de ferrocarril** 기차역
el carril de autobús 버스 차로 **la policía** 경찰 (집합명사) **el policía, la policía** 남자
경찰, 여자 경찰 **el semáforo** 신호등 **pasar la calle** 거리를 건너다

Esquema gramatical

Ir (가다)			
(yo)	voy	(nosotros/as)	vamos
(tú)	vas	(vosotros/as)	vais
(él/ella/usted)	va	(ellos/ellas/ustedes)	va

¿A dónde vas ahora? 너는 지금 어디 가?
Ana va a clase. 아나는 수업에 간다.
Elena y Juan van a España este fin de semana. 엘레나와 후안은 이번 주말에 스페인에
간다.

poder (할 수 있다)

(yo)	puedo	(nosotros/as)	podemos
(tú)	puedes	(vosotros/as)	podéis
(él/ella/usted)	puede	(ellos/ellas/ustedes)	pueden

Puedo hablar español. 나는 스페인어를 말할 수 있습니다.

Ella puede nadar. 그녀는 수영할 수 있습니다.

Cristina puede cantar bien las canciones españolas. 크리스티나는 스페인 노래를 잘 할 수 있습니다.

Expresiones Útiles

Voy al colegio **en** autobús	나는 버스 타고	학교에 간다.
metro.	지하철 타고	
coche.	승용차로	
bicicleta.	자전거로	
a pie.	걸어서	

Puedes encontrar la categral.	너는 성당을 발견할 수 있어
cantar en voz alta.	큰소리로 노래할 수 있어. (해도 괜찮아)
fumar ahora.	지금 담배 피워도 괜찮아.
beber una cerveza	맥주 한잔해도 괜찮아.

주의

현재 2인칭 단수형으로 명령형을 대신해서 말할 수 있다. 명령형보다 좀더 부드러운 표현이다.

Giras a la izquierda. 왼쪽으로 도세요.

Sigues esta ambulancia. 이 엠블런스를 따라가세요.

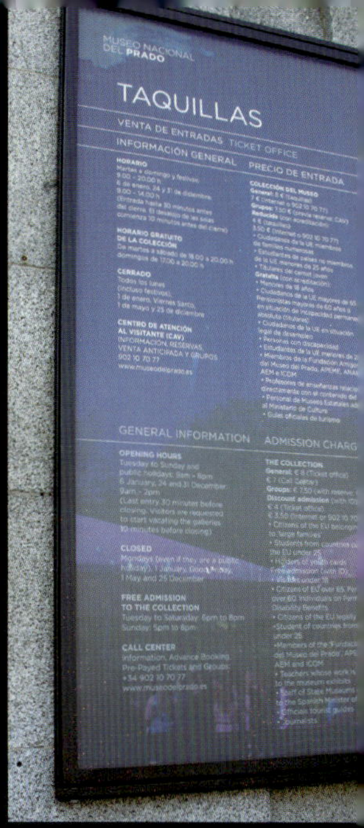

CULTURA ESPAÑOLA

프라도 미술관

세계 3대 미술관 중 하나인 프라도 미술관은 1819년 페르난도 7세가 역대 왕들의 소장품을 한곳에서 공개하기 위해 세운 것이다. 개관 당시 300여 점에 불과했던 전시품들은 계속되는 왕실의 미술품 수집과 귀족들의 기증으로 회화 9천 점, 그리고 그 외 작품까지 합하면 3만 점에 이른다고 한다. 현재 미술관에는 3천여 점의 예술품을 상설 전시하고 있다. 이 미술관은 중세부터 18세기 말까지의 모든 미술학파의 작품을 전시하고 있어 유럽 미술사의 보고로 불린다. 특히 종교화와 궁정화가 주를 이루는데, 스페인을 대표하는 화가 엘 그레코, 벨라스케스, 고야의 작품이 많이 전시되어 있다.

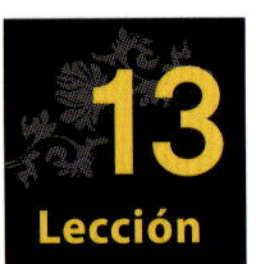

QUIERO VIAJAR POR SEVILLA.
세비야 여행을 하고 싶어.

13 Lección

🎧 Diálogo

ⓐ Me gusta viajar.

ⓑ ¿De verdad? ¿Por qué no vamos a viajar por Sevilla este fin de semana?
Ahora Sevilla está de fiesta. Hay muchos espectáculos.

ⓐ Bueno, si no te molesta, te acompaño.

ⓑ Muy bien. Mañana por la mañana nos vamos.

ⓐ Vale.

ⓐ 나는 여행하는 것을 좋아해.

ⓑ 정말? 우리 이번 주말 세비야 여행하는 거 어때?
지금 세비야는 축제 중이거든. 많은 볼거리가 있어.

ⓐ 그럼, 괜찮으면, 같이 가.

ⓑ 좋아, 내일 아침에 봐.

ⓐ 알았어.

Vocabulario

gusta	동사 **gustar** (좋아하다)의 3인칭 단수형
viajar	여행하다
de verdad	정말로
Por qué no...?	–하는게 어때?
este fin de semana	이번 주말
está de fiesta	축제 중이다
el espectáculo	공연, 경기
acompaño	동사 **acompañar** (동행하다)의 1인칭 단수형
mañana	내일
si	–한다면 (조건의 접속사)
Vale!	알았어 (**OK!**)
mañana por la mañana	내일 아침에

✐ Vocabulario adicional

mañana por la tarde 내일 오후에   **mañana por la noche** 내일 저녁에

ayer por la mañana 어제 아침에   **ayer por la tarde** 어제 오후에   **anoche** 어제 저녁에

el fin de semana 주말   **hacer un viaje** 여행하다   **el festival** 축제, 공연

Esquema gramatical

✐ 역 구조 동사

스페인어 동사는 일반적으로 "주어+동사+목적" 어순을 취하지만, 역으로 된 어순을 취하는 동사들이 있다. 이 동사들은 "간접목적대명사+동사+주어"의 어순을 취하며 항상 동사 앞에 간접 목적 대명사를 동반하고 이 목적 대명사가 의미적 주어 역할을 한다. 여기에 속한 동사들은 'gustar, molestar, encantar, interesar, hacer falta, agradar, parecer,...'등이 있다.

gustar		
me te le	+ gusta +	cocinar. 나는 (너는...) 요리하는 것을 좋아한다 la música. 나는 (너는...) 음악을 좋아한다 el libro 나는 (너는...) 책을 좋아한다.
nos os les	+ gustan +	bailar y cantar. 나는 (너는...) 춤과 노래를 좋아한다 las flores. 나는 (너는...) 꽃을 좋아한다. los coches 나는 (너는...) 차를 좋아한다.

Me gusta pasear por la noche. 나는 저녁에 산책하는 것을 좋아한다.

A mí me gusta mucho España. 나는 스페인을 무척 좋아한다.

A ti te gusta nadar. 너는 수영하는 것을 좋아하는 구나.

A Cristina le gusto. 크리스티나는 나를 좋아한다.

Me gusta mucho ella. 나는 그녀를 무척 좋아한다.

Me molesta fumar. 나는 담배 피우는 것이 불편하다.

Te molesta abrir la ventana. 너는 창문 여는 것을 불편해한다.

Me encanta la canción española. 나는 스페인 노래를 아주 좋아한다.

Me interesa mucho la cultura francesa. 나는 프랑스 문화에 관심이 많다.

Me hace falta ir de compras esta noche. 나는 오늘 밤에 쇼핑할 필요가 있다.

Le agrada hacer la compra por internet. 그녀는 인터넷으로 쇼핑하는 것을 즐거워 한다.

Expresiones Útiles

¿Por qué no vamos a la discoteca esta noche? 우리 오늘 저녁에 나이트 가는거 어때?

salimos juntos? 우리 함께 나가는 것이 어때?

descansas un poco? 너 잠깐 쉬는 것이 어때?

vas al médico? 너 의사에게 가보는 것이 어때?

comes menos? 너 좀 덜 먹는 것이 어때?

Si no te molesta, te voy a visitar. 네가 불편해하지 않으면, 너를 방문할게.

voy a cerrar la ventana. 내가 창문을 닫을게.

te acompaño. 너랑 동행할게.

Si tengo tiempo, voy a viajar por Grecia. 시간이 있으면, 그리스를 여행할 거야.

Si llueve, no salimos. 비오면, 나가지 않을게.

Si no te gusta, no voy a salir de casa. 네가 좋아하지 않으면 외출하지 않을게.

CULTURA ESPAÑOLA

소피아 왕비 예술 센터
Museo Nacional Centro de Arte Reina Sofía

피카소, 달리, 미로의 작품 등 스페인 현대 미술을 맘껏 만끽할 수 있는 소피아 왕비 예술 센터는 20세기 현대 미술의 보고로 알려져 있다. 미술관은 원래 18세기에 세워진 산 카를로스 병원을 1986년 미술관으로 개장해 지금에 이르고 있다. 이 미술관에는 현대적인 회화, 조각, 사진, 비디오등 다양한 장르의 작품들이 소장되어 있다. 특히 2층에는 피카소의 대작 게르니까(Guernica, 1937)가 전시되어 있다.

TEMA 6 날씨표현

14   세비야 날씨는 어때?
15   스페인의 봄은 더운가요?

¿QUÉ TIEMPO HACE EN SEVILLA?
세비야 날씨는 어때?

Lección 14

🎧 Diálogo

- ⓐ ¿Qué tiempo hace hoy?
- ⓑ Hace mucho calor.
- ⓐ Mañana nos vamos a Sevilla. ¿Qué tiempo hace en Sevilla?
- ⓑ Creo que va a llover.
- ⓐ ¡Qué pena! En estos días hace mal tiempo en Sevilla?
- ⓑ Sí. Generalmente hace mucho calor, pero este año el tiempo está nublado a veces.

- ⓐ 오늘 날씨는 어때?
- ⓑ 너무 더워.
- ⓐ 내일 우리 세비야 가는데, 세비야 날씨는 어때?
- ⓑ 비가 올 거 같아.
- ⓐ 안타깝네. 요즘 세비야 날씨가 좋지 않아?
- ⓑ 맞아, 보통 날씨가 아주 더운데, 올해는 때때로 구름이 자주 끼어.

Vocabulario

el calor	더위
el tiempo	날씨, 시간
llover	비오다
creo	동사 **creer**(믿다)의 1인칭 단수형
pena	슬픔, 고통
en estos días	요즘에는
mal tiempo	나쁜 날씨
generalmente	일반적으로
este año	올해
nublado	구름 낀
a veces	때때로

Vocabulario adicional

el frío 추위　**el sol** 태양　**el viento** 바람　**la nube** 구름　**la niebla** 안개
soplar 바람이 불다　**buen tiempo** 좋은 날씨　**el tiempo estupendo** 쾌청한 날씨
nubloso 구름 낀　**en general** 일반적으로　**el tiempo caluroso** 무더운 날씨

Esquema gramatical

날씨 표현 **El tiempo**

날씨 표현은 hacer 동사의 3인칭 단수형 "hace"를 사용하지만, llover, nevar, estar, hay 동사도 사용한다.

Hace + calor	날씨가 덥다
frío	날씨가 춥다.
sol	해가 나있다
fresco	날씨가 선선하다
viento	바람이 분다
buen tiempo	좋은 날씨다.
mal tiempo.	나쁜 날씨다

¿Qué tiempo hace hoy? 오늘 날씨 어떻습니까?

Hoy hace mucho calor. 오늘은 아주 덥습니다.

El tiempo es muy agradable. 날씨는 아주 쾌청합니다.

Lueve mucho. 비가 많이 온다.

Nieva en invierno. 겨울에는 눈이 많이 온다

El cielo está nublado. 하늘에 구름이 껴있다.

Hay nubes. 구름이 있다.

Hay niebla. 안개가 껴있다.

Sopla mucho. 바람이 많이 분다.

주의

날씨 표현과 관련된 문장들은 비인칭 문장으로 항상 3인칭 단수동사형을 사용한다.

Llueve. 비가 온다

Anochece. 날이 어두워진다.

감탄문

감탄문은 강조하고자 하는 명사나 형용사와 의문사가 결합되어 이루어진다. 주로 사용되는 의문사는 "qué"다: "Qué + 명사/ 형용사", 혹은 "Qué + 명사 + tan + 형용사"

¡Qué bien! 아주 좋아!

¡Qué bonita! 아주 예뻐!

¡Qué chica tan guapa! 정말 예쁜 여자야!

¡Qué calor! 너무 더워!

¡Qué frío! 너무 추워!

¡Qué mala suerte! 운이 너무 안 좋네!

¡Qué fenomenal! 정말 훌륭해!

소유 형용사 2 (후치형)

소유 형용사는 명사 앞에 위치하는 전치형과 함께 명사 뒤에서 명사를 수식하는 후치형도 사용된다. 그 형태는 다음과 같다.

	단수	복수
1인칭	mío, a, os, as	nuestro, a, os, as
2인칭	tuyo, a, os, as	vuestro, a, os, as
3인칭	suyo, a, os, as	suyo, a, os, as

La casa mía está aquí. 우리 집은 여기에 있다.

El coche tuyo está en el garaje. 너의 차는 차고에 있다.

La madre suya es muy guapa. 당신의 어머니는 아주 예쁘시다.

소유 대명사

소유 대명사는 소유 형용사 후치형 앞에 정관사를 동반하여 만들어진다.

	단수	복수
1인칭	el mío, la mía, los míos, las mías	el nuestro, la nuestra los nuestros, las nuestras
2인칭	el tuyo, la tuya los tuyos, las tuyas	el vuestro, la vuestra los vuestros, las vuestras
3인칭	el suyo, la suya los suyos, las suyas	el suyo, la suya los suyos, las suyas

Mi casa está cerca, pero la tuya está lejos. 우리 집은 가깝지만 너의 집은 멀리 있다.

Mi padre trabaja en una fábrica, y el tuyo, en la cadena nacional.

나의 아버지는 공장에서 일하시고 너의 아버지는 국영 방송에서 일하신다.

Mi novio es profesor, y el suyo es abogado.

내 남자친구는 교수이고 너의 남자 친구는 변호사다.

creer (믿다)

(yo)	creo	(nosotros/as)	creemos
(tú)	crees	(vosotros/as)	creéis
(él/ella/usted)	cree	(ellos/ellas/ustedes)	creen

Creo en ti. 나는 너를 믿는다.

Los españoles creen en Dios. 스페인 사람들은 하느님을 믿는다

Creo que Cristina me quiere mucho. 나는 크리스티나가 나를 무척 사랑한다고 믿는다.

Ellos creen que la economía española no tiene problema. 그들은 스페인 경제에 문제가 없다고 믿는다.

# Expresiones Útiles

ⓐ ¿Qué tiempo hace hoy?

ⓑ Dicen que va a llover.

ⓐ ¿De verdad? Hoy pienso pasear por el parque con mi novia.

ⓑ ¡Qué lástima!

ⓐ 오늘 날씨 어때?

ⓑ 비가 올 거라고 하는데

ⓐ 정말이야? 오늘 나는 여자친구랑 공원 산책할 예정이었는데.

ⓑ 안됐구나!

En el norte llueve con frecuencia.	북쪽 지방은 자주 비가 온다.
A veces nieva en la Sierra Nevada.	때때로 시에라 네바다 산에는 눈이 온다.
De vez en cuando llueve en abril.	가끔 사월에는 비가 온다.
Generalmente no hace buen tiempo en la Semana Santa.	일반적으로 부활절 기간에는 날씨가 좋지 않다.

Ahora **vamos a** comer.	지금 우리 밥 먹자
bailar.	춤추자.
cantar.	노래하자.
descansar.	휴식하자.

스페인의 많은 도시 중에서 가장 스페인다운 분위기를 느낄수 있는 정열의 도시가 세비야이다. 안달루시아 지방의 수도이자 고대 로마시대부터 지방 중심지로 번창해온 도시다. 특히 중세의 이슬람 지배를 거쳐 15세기 콜럼버스의 신대륙 발견의 출발점이 되었고, 이로 인해 금은 보화가 세비야를 통해 스페인으로 유입되면서 최고의 전성기를 누리게 된다. 오페라 "카르멘, 세비리아의 이발사"의 무대이기도 하다. 또한 마젤란의 세계일주를 위한 시작점이었으며, 스페인의 대표 화가 벨라스케스의 고향이다. 이곳의 축제인 '4월의 축제'에는 수많은 관광객들이 축제를 즐기기 위해 이곳을 찾고 있다.

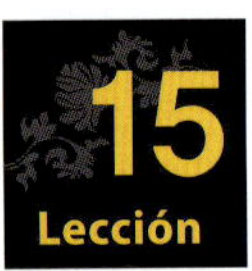

¿QUÉ TIEMPO HACE EN LA PRIMAVERA DE ESPAÑA?
스페인의 봄은 더운가요?

15
Lección

🎧 Diálogo

a ¿Qué tiempo hace en la primavera de España?

b El tiempo es muy agradable en España. Pero a veces hace viento.
En el sur se llega a más o menos 25 grados.

a ¿Qué te parece el tiempo de España ahora?

b Me parece que hace buen tiempo.

a ¿En el resto de España, también hace bueno?

b No todo es igual. En el Norte llueve a veces.

a 스페인 봄 날씨는 어때?

b 스페인 날씨는 아주 좋아. 하지만 가끔 바람이 불어.
남쪽 지방은 기온은 약 25도까지 올라가.

a 너는 지금 스페인 날씨가 어떻다고 생각해?

b 날씨가 좋다고 생각해.

a 스페인 다른 지방도 날씨가 좋아?

b 다 그렇지는 않아. 북쪽 지방은 때때로 비가 와.

Vocabulario

la primavera	봄
agradable	상쾌한
el sur	남쪽
más o menos	대략
se llega	다가가다. (비인칭의 **se**를 이용한 표현)
parece	동사 **parecer** (–로 생각하다)의 3인칭 단수형
el resto	나머지
igual	같은

✐ Vocabulario adicional

el verano 여름   **el otoño** 가을   **el invierno** 겨울   **el norte** 북쪽

el este 동쪽   **el oeste** 서쪽   **el noreste** 북동쪽   **el noroeste** 북서쪽

el sureste 남동쪽   **el suroeste** 남서쪽   **apróximadamente** 대략

Esquema gramatical

✐ 계절 표현 La estación

계절 표현은 정관사를 동반하여 사용한다: la primavera, el verano, el otoño, el invierno

Me gusta la primavera. 나는 봄을 좋아한다.

Prefiero el invierno al verano. 나는 여름보다는 겨울을 선호한다.

A Cristina no le gusta el invierno. 크리스티나는 겨울을 좋아하지 않는다.

부사구로 쓰일 경우 관사를 사용하지 않는다.

En verano llueve mucho. 여름에는 비가 많이 온다.

En invierno nieva a menudo. 겨울에는 자주 눈이 내린다.

Voy a pasar las vacaciones de verano en Grecia. 나는 그리스에서 여름 휴가를 보낼 것이다.

Este invierno voy a viajar por Valencia con Cristina.
이번 겨울에 나는 크리스티나와 발렌시아를 여행할 것이다.

✍ 월 표현 **el mes**

월 명칭 앞에는 관사를 붙이지 않는다. Un año tiene doce meses: enero, febrero, marzo, abril, mayo, junio, julio, agosto, septiembre, octubre, noviembre, diciembre. 일년은 12달이다: 1월, 2월, 3월, 4월, 5월, 6월, 7월, 8월, 9월, 10월, 11월, 12월.

Parecer (–로 보이다, 생각하다)			
(yo)	parezco	(nosotros/as)	parecemos
(tú)	pareces	(vosotros/as)	parecéis
(él/ella/usted)	parece	(ellos/ellas/ustedes)	parecen

Ella parece guapa. 그녀는 예뻐 보인다.

Me parece que Juan es un hombre valiente. 내 생각에 후안은 용감한 남자이다.

¿Qué te parece? 너는 어떻게 생각해?

Me parece bueno. 나는 좋다고 생각해.

동사 parecer는 일반 동사의 구조로 표현되기도 하고, 역 구조 문장으로 표현되기도 한다. 전자의 경우에는 "–처럼 보이다"의 의미로 사용되고, 후자의 경우에는 "–라 생각된다"라는 의미를 갖는다.

Cristina parece genial. 크리스티나는 똑똑해 보인다.

Me parece que Cristina es genial. 나는 크리스티나가 똑똑하다고 생각한다.

Expresiones Útiles

Me parece que Juan es muy trabajador.	나는 후안이 일을 잘한다고 생각한다.
Te	너는
Le	그는 (당신은, 그녀는)
Nos	우리는
Les	그들은 (당신들은, 그 여자들은)
Pienso que Ana es argentina.	나는 아나가 아르헨티나 여자라고 생각한다.
Creo que los estudiantes no son buenos.	나는 학생들이 착하지 않다고 생각한다
¿En qué año **estamos?**	지금은 몇 년도 입니까?
mes (del año)	몇 월

CULTURA ESPAÑOLA
스페인의 기후

스페인의 날씨는 사계절이 비교적 명확하며 지역에 따라 큰 차이를 나타내는 특징을 갖고 있다. 북부, 북서부는 비가 많이 내리는 해양성 기후, 중부, 나머지는 건조한 대륙성 기후, 남부는 일년내내 온난한 지중해성 기후다. 대체적으로 건조한 기후인 스페인은 일년 중 5월에서 9월까지는 비가 거의 오지 않는 기후이다. 한 여름에는 무덥고 건조한 기후를 보이는데 특히 남부 안달루시아 지방은 기온이 45까지 오르는 무더운 날씨를 보인다. 겨울은 남부 지방의 경우 비교적 온난한 편으로 코스타 델 솔은 겨울에도 한 낮에 기온이 20도까지 오르는 따뜻한 날씨를 보인다. 반면 중북부 지방은 추위가 심하며, 북부 지방의 경우 비나 눈이 끊이지 않는다. 중부 내륙 카스티야 지방의 경우 "Nueve meses de invierno y tres meses de infierno (9달간의 겨울과 3달 간의 지옥)" 라는 속담이 있는데, 이는 겨울에는 너무 춥고 여름에는 너무 덥다는 것 상징적으로 표현한 말이다.

TEMA 7 날짜, 시간표현

16   너의 생일은 언제야?

17   지금 몇 시입니까?

18   그라나다행 기차는 몇 시에 있습니까?

Hora
TIME

Destination

11:05 LORA DEL RIO   MD-13
11:10 MALAGA   CERCAN
11:12 BENACAZON   CERCAN
11:17 UTRERA   CERCAN
11:21 VIRGEN DEL ROCIO   CERCAN
11:27 PALACIO DE CONGRES CERCAN
11:45 MADRID PTA. ATOCHA AVE-02

Salidas | DEPARTURES

Hora   Destino   Tren
TIME   DESTINATION   TRAIN

                                   MD-1392
11:50 GRANADA/ALI   ES CERCANI
11:57 PALACIO DE   CERCANI
12:12 BENACAZON   CERCANI
12:17 UTRERA   CERCANI
12:21 VIRGEN DEL   ) CERCANI
12:27 PALACIO DE   ES CERCANI
                         AVANT-08
12:35 CORDOBA/MA

16 ¿CUÁL ES LA FECHA DE TU CUMPLEAÑOS?
Lección 너의 생일은 언제야?

🎧 Diálogo

a ¿Cuál es la fecha de tu cumpleaños?

b Es el 29 de abril.

a ¿De verás? Dentro de unos días es el día de tu cumpleaños.

b Sí, por eso, voy a celebrar la fiesta de cumpleaños. ¿Puedes venir?

a Claro que voy a tu fiesta. Quiero celebrarla con mucho gusto.

b Gracias.

a 너의 생일은 몇 월 몇 일야?

b 4월 29일이야.

a 정말? 며칠 내로 너의 생일이잖아.

b 맞아, 그래서 파티를 열려고 해. 너 올 수 있지?

a 물론 너의 파티에 갈 거야. 기쁘게 축하해 줄게.

b 고마워.

Vocabulario

la fecha	날짜
el cumpleaños	생일
celebrar	개최하다
la fiesta	파티
venir	오다
dentro de	−이내에
claro, a	명확한
con mucho gusto	기꺼이

✐ Vocabulario adicional

el compañero de clase 학교 (수업) 동료　**el compañero de trabajo** 직장 동료
el compañero de piso 룸메이트　**el compañero de viaje** 여행 동행인
el compañero sentimental 동거인　**la fiesta de cumpleaños** 생일파티
invitar 초대하다　**después de** −이후에　**la fecha de nacimiento** 생년월일
el aniversario de boda 결혼기념일　**el calendario** 달력

Esquema gramatical

✐ 날짜 표현 La fecha

날짜 표현은 숫자 앞에 남성 정관사 "el"을 붙여 'ser, estar"동사와 함께 사용한다. 그리고 우리
말 표현과는 반대로 "날짜 + 월 + 년도" 순서로 표현한다.

¿Qué fecha es hoy? 오늘은 며칠입니까?
Hoy es el 25 de mayo. 오늘은 5월 25일 입니다.
¿A cuántos estamos hoy? 오늘은 며칠입니까?
Hoy estamos a 27 de septiembre. 오늘은 9월 27일입니다.
Voy a Alicante a ver a Cristina el 2 de febrero.
나는 2월 2일에 크리스티나를 보러 알리칸테에 갑니다.

🖌 요일 표현 La semana

요일 명칭에는 정관사 "el, los"을 사용한다. 하지만 ser동사 다음에 보어로 쓰일 경우에는 예외적으로 관사 사용을 하지 않는다.

¿Qué día es hoy? 오늘은 무슨 요일입니까?
Hoy es miércoles. 오늘은 수요일입니다.
El lunes tengo clase. 월요일에 수업이 있습니다.
Los domingos vamos a la iglesia. 매주 일요일에 우리는 교회에 갑니다.
Jugamos al tenis todos los viernes. 매주 금요일마다 우리는 테니스를 칩니다.

> **주의**
>
> ser 동사 다음에 요일명이 올 경우 부사적 기능으로 사용되면 관사를 사용한다.
>
> La fiesta de mi cumpleaños es el viernes. 내 생일 파티는 금요일이다.
> La boda de Ana es el domingo próximo. 아나의 결혼식은 다음 일요일이다.

Expresiones Útiles

El lunes/Los lunes voy al colegio.　　　　월요일에 (매주 월요일에) 나는 학교에 간다.
El martes/Los martes tengo una cita con Maribel.
화요일 (매주 화요일)에 나는 마리벨과 약속이 있다.
El miércoles/Los miércoles salgo con Eva.
수요일 (매주 수요일)에 나는 에바와 데이트한다.
El jueves/Los jueves voy a la piscina a nadar.
목요일 (매주 목요일)에 나는 수영하러 수영장에 간다.
El viernes/Los viernes tomo una copa con unos compañeros de trabajo.
금요일 (매주 금요일)에 나는 직장 동료들과 술 한잔 한다.
El sábado/Los sábados descanso en casa.　　토요일 (매주 토요일)에 나는 집에서 쉰다.
El domingo/Los domingos voy a la iglesia con mi familia.
일요일 (매주 일요일)에 나는 가족과 교회에 간다.
El próximo domingo voy a visitar a mis padres.
다음 주 일요일에 나는 나의 부모님을 찾아뵐 것이다.
El sábado que viene vamos a ver la obra de Calderón de la Barca.
오는 토요일에 우리는 칼데론델 라 바르카의 연극을 볼 것이다.

CULTURA ESPAÑOLA

세비야 대성당

세비야 대성당은 이슬람 제국 시절 이슬람 사원인 모스크가 있던 자리에 세운 고딕 양식의 성당으로 15세기부터 100년에 걸쳐 건설되었다. 이 성당은 폭 116m, 내부 길이 76m 로 스페인에서 가장 큰 성당이며, 그 규모에서 로마의 산 피에트로 성당, 런던의 세인트 폴 성당 다음의 크기를 자랑한다. 히랄다 탑 옆에 세워진 팔로스 문Puerta de los Palos으로 들어가면 르네상스 양식의 왕실 예배당 Capilla Real, 무리요의 그림 '성모수태'가 있는 회의실 sala Capitular이 있고, 고야, 수르바란 등의 작품을 모아둔 성배실 Sacristia de los Calices 등이 있다. 중앙 복도 오른 쪽에는 콜럼버스의 묘 Sapulcro de Colón가 있는데. 콜럼버스의 묘는 스페인 건국의 4대 왕인 Leon, Castilla, Navarra, Aragón이 관을 메고 있는 모습으로 만들어져 있다.

¿QUÉ HORA ES AHORA?

지금 몇 시입니까?

Lección 17

🎧 Diálogo

ⓐ ¿Qué hora es?

ⓑ Son las ocho menos cinco.

ⓐ Me voy a clase.

ⓑ ¿Por qué tienes tanta prisa?

ⓐ No tengo tiempo suficiente.

ⓑ ¿A qué hora empieza la clase?

ⓐ A las nueve en punto, y no quiero llegar tarde.

ⓐ 지금 몇 시야?

ⓑ 8시 5분 전야.

ⓐ 나 수업에 가야해.

ⓑ 왜 그렇게 서둘러?

ⓐ 시간이 많지가 않아.

ⓑ 몇 시에 수업이 시작하는데?

ⓐ 9시 정각에. 그리고 지각하고 싶지 않아.

Vocabulario

menos 더 적은

me voy 나는 간다 (떠난다)

deprisa 급히

tan 그렇게

el tiempo 시간

suficiente 충분한

empieza 동사 **empezar**(시작하다)의 3인칭 단수형

en punto 정각

quiero 동사 **querer** (원하다)의 1인칭 단수형

tarde 늦게

llegar 도착하다

✎ Vocabulario adicional

terminar 끝나다 **comenzar** 시작하다 **a tiempo** 제시간에 **adecuado** 적당한
la hora de... – 할 시간 **con ahínco** 열심히 **con entusiasmo** 열정적으로
la asignatura 과목

Esquema gramatical

✎ 시간 표현 La hora

시간 표현은 ser동사와 여성 정관사 (la, las)로 표현된다.

¿Qué hora es? 몇 시입니까?
Son las tres. 3시입니다.
Son las tres y cinco. 3시 5분 입니다.
Son las tres y cuarto. 3시 15분 입니다.
Son las tres y media. 3시 30분 입니다.
Son las tres menos cinco. 3시 5분 입니다.
Son las seis de la mañana. 아침 6시 입니다.

Ahora son las seis en punto. 정각 6시 입니다.
Es la una y media. 1시 반입니다.

숫자 Número

11	once	21	veintiuno (veinte y uno)
12	doce	22	veintidós (veinte y dos)
13	trece	23	veintitrés (veinte y tres)
14	catorce	24	veinticuatro (veinte y cuatro)
15	quince	25	veinticinco (veinte y cinco)
16	dieciséis (diez y seis)	26	veintiséis (veinte y seis)
17	diecisiete (diez y siete)	27	veintisiete (veinte y siete)
18	dieciocho (diez y ocho)	28	veintiocho (veinte y ocho)
19	diecinueve (diez y nueve)	29	veintinueve (veinte y nueve)
20	veinte	30	treinta
31(32..)	treinta y uno (dos, tres, cuatro....)	60	sesenta
40	cuarenta	70	setenta
41	cuarenta y uno	80	ochenta
50	cincuenta	90	noventa
		100	ciento

Expresiones Útiles

¿Qué hora es ahora?	지금 몇 시입니까?
¿Tienes hora?	몇 시야? (구어체 표현)
Ahora son las dos **de la madrugada**.	지금 새벽 두 시 입니다.
de la mañana.	오전
de la tarde.	오후
de la noche	저녁
Esta tienda está abierta de 9 a 12.	이 상점은 9시에서 12시까지 문을 엽니다.
Esta panadería está cerrada desde las dos y hasta las cinco.	이 빵집은 2시부터 5시까지 문을 닫습니다.

CULTURA ESPAÑOLA

히랄다 탑

세비야를 상징하는 대성당의 부속 건물로 12세기 말 이슬람 교도 측이 세운 회교 사원의 첨탑이었다. 이후 지진으로 파손되어 16세기 기독교인들에 의해 전망대와 풍향계가 있는 종루가 설치되었다. '바람개비'라는 뜻의 히랄다도 이때부터 쓰이게 되었다. 특이하게도 탑에는 계단이 없으며, 왕이 말을 타고 오를 수 있도록 경사 길로 되어있고 전망대에서는 시내 전경이 한눈에 보인다.

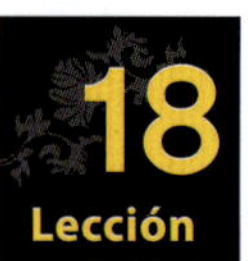

¿A QUÉ HORA SALE EL TREN PARA GRANADA?
그라나다행 기차는 몇 시에 있습니까?

Lección 18

🎧 Diálogo

ⓐ Queremos ir a Granada. ¿A qué hora sale el tren para Granada?

ⓑ Sale a las 7 en punto.

ⓐ ¿Y el siguiente tren?

ⓑ El siguiente sale a las 8.

ⓐ Bueno, deme dos billetes para Granada.

ⓑ ¿Ida y vuelta?

ⓐ No, sólo ida, por favor.

ⓐ 그라나다에 가려고 하는데. 몇 시에 그라나다 행 기차가 있습니까?

ⓑ 7시 정각에 떠납니다.

ⓐ 다른 열차는요?

ⓑ 다른 열차는 8시 떠납니다.

ⓐ 그럼, 그라나다 행 티켓 두 장 주세요.

ⓑ 왕복인가요?

ⓐ 아니요. 편도입니다.

Vocabulario

el tren	기차
para	전치사 (목적, 방향을 표현)
sale	동사 **salir**의 3인칭 단수형
siguiente	다음의
dé	동사 **dar**의 3인칭 명령형
el billete	티켓, 지폐
ida y vuelta	왕복
sólo	오직

Vocabulario adicional

la estación de ferrocarril 기차역　**próximo, a** 다음의　**hacia** –를 향해　**partir** 출발하다　**el billete de ida** 편도 티켓　**el billete sencillo** 1회용 티켓　**el bonobus** 여러 번 사용할 수 있는 티켓 (보통 10회)　**el partido de ida** 원정경기　**el partido de vuelta** 홈 경기　**un billete de ida.** 편도 티켓 한 장　**Dos billetes de ida y vuelta.** 왕복 티켓 두 장　**un partido de ida y vuelta.** 홈, 원정 경기　**solamente** 오직

Esquema gramatical

salir (나가다)

(yo)	salgo	(nosotros/as)	salimos
(tú)	sales	(vosotros/as)	salís
(él/ella/usted)	sale	(ellos/ellas/ustedes)	salen

Salgo de casa. 외출하다.
Juan sale con Ana esta noche. 후안은 오늘 저녁 아나와 데이트한다.

dar (주다)

(yo)	doy	(nosotros/as)	damos
(tú)	das	(vosotros/as)	dais
(él/ella/usted)	da	(ellos/ellas/ustedes)	dan

Doy la propina al camarero. 나는 웨이터에게 팁을 준다.

Quiero dar un regalo de bolso lujoso a Cristina.
나는 크리스티나에게 명품 가방을 선물하고 싶다.
Ellos me dan gracias. 그들은 나에게 감사를 표한다.

동사 **dar**, **salir** 명령형

	dar	salir
2인칭 단수(tú)	Da	Sal
3인칭 단수(usted)	Dé	Salga

Dame agua. 나에게 물 좀 줘!
Sal de aquí. 여기에서 나가!

Expresiones Útiles

ⓐ ¿A qué hora abre la peluquería?

ⓑ Abre a la nueve de la mañana y cierra a las seis de la tarde.

ⓐ ¿Y la panadería?

ⓑ La panadería abre toda la mañana

ⓐ Los domingos cerramos la tienda..

ⓐ 미용실은 몇 시에 문을 엽니까?

ⓑ 아침 9시에 열고 오후 6시에 닫습니다.

ⓐ 그럼, 빵집은요?

ⓑ 빵집은 아침 내내 문을 엽니다.

ⓐ 매주 일요일에는 우리는 가게 문을 닫습니다.

Dame dos botellas de cerveza.   저에게 맥주 두 병   주세요
　　　　 una copa de vino.   와인 한잔
　　　　 un zumo de naranja.   오렌지 주스

Deme un billte de ida **para** Sevilla.   세비야행   편도 티켓 주세요
　　　　　　　　　　　 Madrid.   마드리드행
　　　　　　　　　　　 Barcelona.   바르셀로나행

CULTURA ESPAÑOLA
그라나다 Granada

그라나다는 1492년 마지막까지 있었던 이슬람 세력의 최후의 왕조가 있었던 곳으로 이베리아 반도에서 번성한 이슬람 도시였다. 1492년 가톨릭 왕들은 그라나다를 함락시킴으로써 그라나다의 화려한 시절 이야기는 전설이 되어 역사의 뒷전으로 자취를 감췄으나 19세기 미국의 작가 워싱턴어빙의 소설 〈알람브라 이야기〉로 그라나다는 다시 세인의 주목을 받게 되었다. 그라나다에서는 지금도 아름다운 모습을 보존하고 있는 알람브라 궁전과 시내 곳곳에 남아 있는 이슬람 유적을 감상할 수 있어 많은 관광객들이 몰려들고 있다.

19   나는 매일 아침마다 샤워를 해.
20   훌리아 남자친구에 대해 어떻게 생각해?

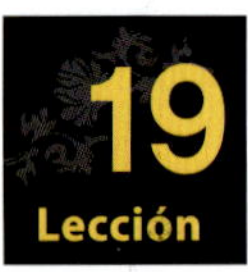

19
Lección

ME DUCHO POR LAS MAÑANAS.
나는 매일 아침마다 샤워를 해.

Diálogo

a ¿Antes de salir de casa, qué haces?

b Generalmente, me ducho y me afeito nada más levantarme.

a ¿Tú, siempre te despiertas sólo?

b No, mi madre me despierta siempre,
porque me acuesto muy tarde, por eso, no puedo levantarme.

a Aún eres un niño para tu madre.

b Sí, ya lo sé.

a 외출하기 전에 너는 무엇을 해?

b 일어나자 마자, 보통 샤워하고 면도해

a 너는 항상 혼자 깨어나?

b 아니, 엄마가 항상 깨워주셔. 왜냐하면 아주 늦게 자기 때문에.
그래서 일어날 수가 없어.

a 넌 아직도 너의 어머니에게는 어린애구나.

b 맞아, 잘 알고 있고.

Vocabulario

antes de	–하기 전에
salir de	–에서 나가다.
generalmente	일반적으로
nada más	–하자마자 (뒤에 동사 원형이 뒤따른다)
despierta	동사 **despertar** (깨우다)의 2인칭 단수형
por eso	그래서
aún	아직
Ya	이미

✎ Vocabulario adicional

peinarse 면도하다　**lavarse** 몸을 씻다　**limpiarse** 몸을 씻다　**el espejo** 거울　**la esponja** 스폰지　**el jabón** 비누　**el cepillo de dientes** 칫솔　**la pasta de dientes** 치약　**el champú** 샴푸　**el gel de baño** 샤워 젤

Esquema gramatical

✎ 재귀 동사 Verbo reflexivo:

재귀 동사는 동사에 재귀 대명사 SE를 붙여서 사용하는 동사로 재귀 대명사는 인칭에 따라 6가지 변화 형을 갖는다. 이 재귀 대명사는 문장에 따라 재귀, 수동, 상호, 비인칭 등의 의미를 가지며 이러한 재귀 대명사들은 문장에서 목적 대명사와 동일하게 동사 앞에, 혹은 동사 원형 뒤에 위치한다:

✎ 재귀 대명사

	단수	복수
1인칭	me	nos
2인칭	te	os
3인칭	se	se

levantarse (잠자리에서 일어나다)			
(yo)	me levanto	(nosotros/as)	nos levantamos
(tú)	te levantas	(vosotros/as)	os levantáis
(él/ella/usted)	se levanta	(ellos/ellas/ustedes)	se levantan

Siempre me levanto tarde. 나는 항상 늦게 일어난다.

Ella se levanta antes de las siete. 그녀는 7시 전에 일어난다.

hacer (하다, 만들다)			
(yo)	hago	(nosotros/as)	hacemos
(tú)	haces	(vosotros/as)	hacéis
(él/ella/usted)	hace	(ellos/ellas/ustedes)	hacen

Quiero hacer la comida deliciosa para Cristina.

나는 크리스티나를 위해 맛있는 음식을 만들어 주고 싶다.

Ella me hace llorar. 그녀는 나를 울게 만든다.

saber (알다)			
(yo)	sé	(nosotros/as)	sabemos
(tú)	sabes	(vosotros/as)	sabéis
(él/ella/usted)	sabe	(ellos/ellas/ustedes)	saben

Sabemos que la economía italiana sufre mucho.

우리는 이탈리아 경제가 심각하다는 것을 안다.

Teresa y yo sabemos nadar. 테레사와 나는 수영을 할 줄 안다.

Expresiones Útiles

Siempre **me ducho**	por la mañana.	항상 나는 아침에 샤워한다.
me afeito		면도한다.
me peino		머리 빗는다.
me lavo el cabello		머리 감는다.

Los niños tienen que lavarse las manos antes de comer.

어린이들은 식사하기 전에 손을 씻어야만 한다.

Los chicos se sientan a la mesa para comer. 아이들이 식사하기 위해 테이블에 앉는다.

CULTURA ESPAÑOLA
알람브라 궁정 (La Alhambra)

알람브라 궁전은 그라나다의 상징이며 현존하는 이슬람 건축물 중 최고로 꼽힌다. 이 궁전은 13세기 이슬람 왕조가 성안에 왕궁을 축성하고 그 뒤 역대 왕들이 증 개축을 반복해 마침내 14세기 에 완성 된 왕궁이다. 알람브라는 아랍어로 '붉은 성"을 뜻하는데 이는 벽면에 철분이 많이 포함돼 있어 전체적으로 붉은 색을 띄기 때문이다. 이 궁전은 외부에서의 모습은 단조로운 사각형이 지만 궁전 내부는 화려하면서 섬세한 이슬람 건축 양식들로 가득 차 있다. 화려한 아리비아 식타일로 이루진 방, 기하학적인 세공으로 이루어진 아치 등으로 꾸며진 알람브라 궁전은 이슬람 문화의 극치를 보여주고 있다. 현재 유네스코 세계 문화 유산으로 지정되어 고증에 의한 내부 복구와 세심한 관리를 하고 있다.

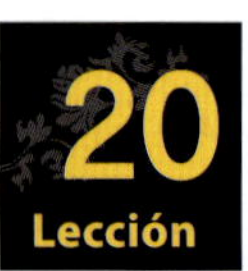

¿QUÉ TE PARECE EL NOVIO DE JULIA?

20 Lección

훌리아 남자친구에 대해 어떻게 생각해?

🎧 Diálogo

ⓐ ¿Qué te parece el novio de Julia?

ⓑ La verdad es que es un poco pesado, y no me cae bien.

ⓐ A mí tampoco. Es un tío que siempre está orgulloso de sí mismo.

ⓑ A mí me cae más bien el de Ana.
Yo siempre me llevo muy bien con él.
Jugamos al fútbol, y tomamos una copa juntos.
Hace mucho tiempo que le conozco.

ⓐ Estoy de acuerdo contigo. Él es genial.

ⓐ 훌리아 남자 친구 어떻게 생각해?

ⓑ 사실 좀 따분하고, 나는 별로야.

ⓐ 나도 그래. 항상 자신에게 너무 자신감이 넘쳐.

ⓑ 나는 아나의 남자 친구가 맘에 들어.
항상 잘 지내거든. 축구도 하고, 술 한잔도 하고.
그를 안지 꽤 되었거든.

ⓐ 나도 너의 말에 동감이야. 그는 대단해.

Vocabulario

el novio	남자 친구
La verdad es que...	사실은...
pesado	남을 귀찮게 하는
cae bien	(**mal**) 잘 어울리다 (어울리지 않다)
tampoco	역시 −아닌
orgulloso	자신감 있는
el tío	아저씨 (보통의 남자를 지칭)
sí mismo	자기 자신 (3인칭 자신)
llevarse bien/mal con...	−와 잘 (잘못) 지내다.
jugar	놀다.
una copa	술잔
estoy de acuerdo	나는 동의한다.
contigo	너와 함께
genial	굉장한

Vocabulario adicional

la novia 여자 친구　**aburrido** 따분한　**orgullo** 자신감　**acordarse de** −를 기억하다.
acordar 동의하다　**jugar al baloncesto** 농구를 하다　**jugar al tenis** 테니스를 치다.
jugar al golf 골프를 치다.

주의

tampoco는 부정문에, ya는 긍정문에 사용하는 부사이다. 비슷한 의미로 aún 이 있는데 이 부사형은 긍정문, 부정문에 모두 사용된다.

Cristina ya puede hablar portugués. 크리스티나는 이미 포르투갈어를 말할 줄 안다.
Tampoco sé jugar al golf 나는 골프도 칠 줄 모른다.
Aún eres mi novia. 아직 너는 나의 여자 친구이다.

Esquema gramatical

전치격 인칭 대명사 Pronombres con preposiciones

전치사 다음에 인칭대명사가 올 경우 다음의 형태를 사용한다. 단, 주의 할 것은 "con + mí"는 conmigo, "con + ti"는 contigo, 그리고 재귀 대명사 con + si"는 consigo의 형태를 취한다.

	단수	복수
1인칭	mí	nosotros
2인칭	ti	vosotros
3인칭	él, ella, usted	ellos, ellas, ustedes

Ella siempre va a la escuela conmigo. 그녀는 항상 나와 같이 학교에 간다.

Juan te quiere mucho a ti. 후안은 너를 무척 사랑한다.

Voy a ir al fin del mundo contigo. 나는 너와 함께 지구 끝까지 갈 것이다.

Hace ... que.... 시간 표현

시간의 양을 강조하기 위해서 "hace + 시간표현 + que" 문형을 사용한다.

Hace mucho tiempo que no te veo. 너를 못 본지 무척 오래 되었다.

Hace dos años que vivo aquí. 내가 여기에서 산지 2년 되었다.

Expresiones Útiles

(La verdad) es que no puedo hablar inglés.　　사실 나는 영어를 못해.

　　　　　　　　no soy de Buenos Aires.　　나는 부에노스 아이레스 출신이 아니야.

　　　　　　　　mi padre es un millonario.　　나의 아버지는 백만장자야.

Me cae bien/mal esta falta azul.　　나에게는 이 파란 치마가 잘 어울려/ 어울리지 않아.

　　　　　　　　este chico　　이 아이와

Me caen bien/mal estos pantalones de lana.　　이 면 바지가

　　　　　　　　las gafas de sol.　　선글라스가

Te queda grande esta camisa.　　너에게는 이 와이셔츠가 크다.

　　　　　　　estrecha esta mini-falda.　　이 미니스커트가 꽉 끼인다.

CULTURA ESPAÑOLA
그라나다 알비이신 지구 (Albaicín)

그라나다의 알람브라 궁전 맞은 편 언덕에 위치한 알바이신 지구는 옛모습을 그대로 잘 간직하고 있는 그라나다에서 가장 오래된 지역이다. 한때 타 지역에서 추방당한 아랍인들의 거주지였으며 1492년 그라나다 함락 때는 아랍 시민들이 가톨릭 세력에 맞서 거세게 저항하던 곳이었다. 언덕 위의 산 니콜라스 San Nicolas 광장에 오르면 시에라 네바다 Sierra Nevada 산맥을 배경으로 하고 있는 알람브라 궁전의 모습을 감상 할 수 있다.

21   너는 축구를 좋아해?
22   그는 그 팀에서 제일 비싼 선수야.

¿TE GUSTA EL FÚTBOL?
너는 축구를 좋아해?

 **Diálogo**

ⓐ ¿A tí qué te gusta, Ana?

ⓑ A mí me gusta bailar, me gustan el fútbol y el baloncesto,
y me gusta bastante cocinar.

ⓐ ¿No te gusta jugar al ajedrez?

ⓑ No me gusta nada. No me gusta estar quieta mucho tiempo

ⓐ 아나, 너 무엇을 좋아해?

ⓑ 나는 춤 추는 거 좋아하고, 축구와 농구를 좋아해.
그리고 요리하는 것도 좀 좋아하고.

ⓐ 체스 하는 거는 좋아하지 않아?

ⓑ 전혀. 나는 오랜 시간 조용히 있는 거 좋아하지 않아.

Vocabulario

bailar	춤추다
el fútbol	축구
el baloncesto	농구
cocinar	요리하다
jugar	놀다
el ajedrez	체스
nada	아무것도
estar quieto	조용히 있다
mucho tiempo	오래 동안

Vocabulario adicional

la salsa 살사 춤   **el flamenco** 플리멩코   **el tango** 탱고   **durante** –동안
nadie 아무도   **el voleibol** 배구   **el béisbol** 야구   **el balonmano** 핸드볼

Esquema gramatical

부정어

부정어들은 문장에 따라 대명사, 명사, 형용사, 부사 등의 형태로 나타나는데, 긍정문에 사용
되는 형태 (algo, alguien, alguno)와 부정문에 사용되는 형태 (nada, nadie, ninguno,
nunca, jamás, siquiera) 로 나뉜다. 특히, 부정문에 사용될 때는 다음의 문장 어순을 따른다:
"no + 동사 + 부정어", 혹은 **"부정어 + 동사"**.

¿Tienes algo interesante?	-No, no tengo nada.(No, nada tengo.)
너 흥미로운 거 있어?	–아니, 하나도 없어.
¿Estás esperando a alguien?	-No, no estoy esperando a nadie.
너 누구 기다리고 있어?	–아니, 나 아무도 기다리지 않아.
¿Tienes algún CD de Sanz?	-Creo que no tengo ninguno.
산스 CD 갖고 있는 거 있어?	–하나도 없는 것 같아.
Ella no viene a verme nunca.	그녀는 결코 나를 보러 오지 않는다.
(Ella nunca viene a verme).	

Jugar (놀다)			
(yo)	juego	(nosotros/as)	jugamos
(tú)	juegas	(vosotros/as)	jugáis
(él/ella/usted)	juega	(ellos/ellas/ustedes)	juegan

Juego al fútbol todos los días. 나는 매일 축구를 한다.

Mañana jugaremos al tenis en la cancha.
내일 우리는 경기장에서 테니스 시합을 할 것이다.

adquirir (획득하다)			
(yo)	adquiero	(nosotros/as)	adquirimos
(tú)	adquieres	(vosotros/as)	adquirís
(él/ella/usted)	adquiere	(ellos/ellas/ustedes)	adquieren

Pueden adquirir estos objetos en cualquier tienda.
어느 가게에서나 이 물건을 구입할 수 있습니다.

Expresiones Útiles

¿Ana, **te gusta** bailar?   아나, 너는 춤추는 거 좋아해?
          cantar?   노래하는 거
          escuchar música?   음악 듣는 거
          jugar al golf?   골프 치는 거

A mí me   gusta muchísimo pasear por el parque. 나는 공원 산책하는거 아주 좋아해.
A ti te   너는
A él le   그는
A usted le   당신은
A Eva le   에바는
A nosotros nos   우리는
A vosotros os   너희들은
A ustedes les   당신들은
¿Te gusto?   너 나 좋아해?
Sí, me gustas.   그래, 나 너 좋아.

CULTURA ESPAÑOLA
그라나다 대성당

그라나다 대성당은 원래 이슬람 사원인 모스크가 있던 자리에 세운 성당이다. 16세기부터 180년 동안 공사를 했지만 탑은 아직도 미완성인 상태로 있다. 초기에는 톨레도 Toledo 대성당의 고딕 양식을 따라 공사를 시작했으나 공사가 마무리된 1704년 무렵에는 이탈리아 르네상스 양식, 고딕 양식, 이슬람 양식 (무데하르 양식) 이 복잡하게 뒤섞인 묘한 형태가 되어버렸다. 실내는 작고 소박하며 20여 개의 기둥, 화려한 스테인드글라스, 황금의 예배당 등이 자리잡고 있다.

22
Lección

ES EL JUGADOR MÁS CARO DEL EQUIPO.
그는 그 팀에서 제일 비싼 선수야.

Diálogo

- ⓐ ¿Qué te parece el nuevo jugador del Real Madrid?
- ⓑ ¿Quién? Ronaldo? Es un jugador bonísimo.
- ⓐ Por eso te lo digo y es tan joven.
- ⓑ ¿Sabes de dónde es?
- ⓐ Portugués.
- ⓑ Pues es el jugador más caro del equipo.
- ⓐ Ya, ya lo sé. ¡Es increíble!

- ⓐ 레알 마드리드 새로운 선수 어떻게 생각해?
- ⓑ 누구? 호나우두? 아주 훌륭한 선수야.
- ⓐ 그래서 한 말이야. 꽤 젊은 선수야.
- ⓑ 어느 나라 출신이지 알아?
- ⓐ 포르투갈 출신야.
- ⓑ 팀에서 제일 비싼 선수지.
- ⓐ 이미, 잘 알고 있어. 믿기지가 않아.

Vocabulario

el jugador	선수
bonísimo	아주 좋은
digo	동사 **decir** (말하다)의 1인칭 단수형
tan	그렇게 (형용사, 부사 강조)
sabes	동사 **saber** (알다)의 2인칭 단수형
caro	비싼
el equipo	팀
increíble	믿을 수 없는

Vocabulario adicional

el árbitro 심판   **el delantero** 공격수   **el defensa** 수비수   **el portero** 골키퍼
el banquillo 벤치 (후보 석)   **el entrenador** 감독   **creíble** 믿을 수 있는
tanto 그러한 (명사, 동사 강조)

Esquema gramatical

최상급 표현 superlativo

최상급 표현은 비교급 앞에 "정관사", 혹은 "정관사 + 명사"를 동반하여 표현한다. "el (la, los, las) + (명사) + más + 형용사, 부사" + de"의 구조가 일반적이다.

> 정관사 + (명사) + más/menos + de

Cristina es la chica más guapa del mundo. 크리스티나는 세상에서 제일 예쁜 여자다.
Este libro es el más interesante de la biblioteca. 이 책은 도서관에서 가장 오래된 책이다.
Alberto es el chico más alto de la escuela. 알베르토는 학교에서 제일 키가 큰 애다.
Juanito es el más listo de la clase. 후아니토는 자기 반에서 제일 똑똑하다.
Madrid es la ciudad más grande de España. 마드리드는 스페인에서 제일 큰 도시이다.

하지만, 불규칙 비교급 형태인 mejor, peor, mayor, menor의 최상급 표현은 명사가 이들 비교급 뒤에 위치한다.

¿Cuál es la mejor edad de la vida? 일생 동안 제일 좋은 나이는 언제입니까?

Luis es el mejor amigo. 루이스는 제일 친한 친구

Hoy es el peor día. 오늘은 최악의 날이다.

 절대 최상급 형태 -ísimo

형용사, 부사를 강조하기 위해 어미 "-ísimo, a"를 사용한다. 그리고 형용사, 부사의 강세 위치와 관계없이 항상 접미사 "-ísimo"에 강세가 간다는 사실에 유의해야 한다.

guapa – guapísima	예쁜 – 아주 예쁜
mucho – muchísimo	많은 – 아주 많은
rico –riquísimo	부자의 (맛있는) – 아주 부자의 (아주 맛있는)
bueno – bonísimo, buenísimo	좋은 – 아주 좋은
fuerte – fortísimo, fuertísimo	강한 – 아주 강한
hábil – habilísimo	능숙한 – 아주 능숙한

주의

bueno, fuerte의 절대 최상급 형태는 bonísimo, fortísimo 이지만 buenísimo, fuertísimo 형태도 허용된다.

Expresiones Útiles

Cristina es **la chica más** guapa de la escuela.　크리스티나는 학교에서 제일 예쁘다.

inteligente　　똑똑하다.

alta　　키가 크다.

simpática　　친절하다.

Mi hijo es uno de los chicos más inteligentes de la escuela.

우리 아들은 학교에서 제일 똑똑한 애들 중 한 명이다.

¿Cuál es la blusa más cara de esta tienda?　이 가게에서 제일 비싼 건 어느 것입니까?

Ésta es la más cara.　이것이 제일 비싼 겁니다.

Hoy es el mejor día de mi vida.　오늘은 내 일생 중 제일 좋은 날이다.

La canción que más me gusta es 'Bésame mucho'.

내가 제일 좋아하는 노래는 '베사메 무쵸 (저에게 키스 많이 해주세요)"이다.

CULTURA ESPAÑOLA
스페인 축구

스페인 사람들의 축구 사랑은 그 어느 나라에 뒤지지 않을 만큼 대단하다. 그들의 일상 생활에 깊이 자리 잡고 있고, 그 어떤 스포츠보다도 축구에 대한 관심이 지대하다. 학교 운동장에 가보면 항상 축구 하는 남, 여 학생들을 볼 수가 있디. 축구 중계가 있는 날이면 다른 일을 제 처 두고 동네 바에 모여 그들의 축구에 대한 애정을 과감하게 드러내며 이날 동네 바들은 늦은 시간까지 사람들로 북적거린다. 그래서 스페인에는 세계적으로 유명한 축구 클럽들이 여러 개가 있고, 그들의 축구 실력은 세계 최상이다. 스페인은 2008년 유럽 컵에서 우승하였고, 2010 남아공 월드컵에서도 정상의 자리에 섰다.

TEMA 10 전화표현

23 누구시라고 전할까요?

24 잘못 거셨습니다.

25 다음에 다시 걸겠습니다.

LIBRE
KFC
POLLO AL HORNO
KFC
KFC®
DESCUBRE
BRAT
RESTAURANTES
Gran Vía, 52
Mayor, 1
Montera, 7

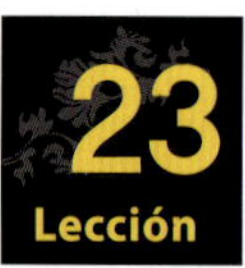

¿DE PARTE DE QUIÉN?
누구시라고 전할까요?

🎧 Diálogo

- ⓐ ¿Dígame?
- ⓑ ¡Hola! ¿Está Daniel?
- ⓐ Sí, ahora se pone. ¿De parte de quién?
- ⓑ De Juan.
- ⓐ Espera un momento, por favor.
- ⓑ Gracias.
- ⓐ ¡Daniel...al teléfono! Es para ti.

- ⓐ 여보세요?
- ⓑ 안녕하세요. 다니엘 있나요?
- ⓐ 있어요. 바꿔드릴게요. 누구라고 전할까요?
- ⓑ 후안이라고 전해주세요.
- ⓐ 잠시만 기다리세요.
- ⓑ 감사합니다.
- ⓐ 다니엘! 전화 왔어. 네 전화야.

Vocabulario

¿Diga?	여보세요? (전화받는 사람)
Se pone	연결하다
de parte de...	– 의 편에
espera	동사 **esperar** (기디라다)의 명령형
un momento	잠깐
el teléfono	전화

Vocabulario adicional

¿Oiga? 여보세요? (전화거는 사람) **¡Sí?** 네? **colgar el teléfono** 수화기를 놓다.
descolgar el teléfono 수화기를 들다   **el contestador automático** 자동응답기
el teléfono móvil 휴대 전화 **el celular** 휴대 전화

Esquema gramatical

수동의 재귀 대명사 SE pasivo

재귀 대명사 se는 문장에서 수동의 의미로도 사용된다. 이 경우 주어가 사물인 경우에만 사용 가능하다.

Se abre la ventana. 창문이 열린다.
Se construye un puente. 다리가 건설된다.
La tienda se abre a las ocho de la mañana. 가게는 아침 8시에 문을 연다.
Aquí se venden libros. 여기에서 책이 팔린다.
Se ve la montaña a lo lejos. 저 멀리 산이 보인다.

과거 분사 형태

과거 분사 형태는 다음의 규칙으로 이루어진다:

-ar → -ado:	hablar - hablado
-er → -ido:	comer - comido
-ir → -ido:	vivir – vivido

불규칙 형

escribir – escrito

ver – visto

hacer – hecho

decir – dicho

volver – vuelto

romper – roto

수동태

스페인어는 일반 다른 언어보다는 수동태 문장을 많이 사용하며, 재귀 대명사 se를 이용하거나, ser 동사를 이용한 수동태 문장들이 있다. Ser 동사를 사용할 경우 "주어 + ser + 과거분사 + por"의 구조를 갖는다. 이 문장에서 과거 분사는 항상 주어와 성. 수 일치를 이루어야 한다.

El pan es cortado por Juan. 빵이 후안에 의해 잘린다.

La ventana es abierta por el viento. 창문이 바람에 열린다.

Cristina es amada por todos. 크리스티나는 모든 사람들로부터 사랑을 받는다.

Expresiones Útiles

¿Vienes a cenar a casa esta noche?
오늘 저녁 저녁 먹으러 올래?

Vale
좋아.

¿Vamos al cine esta tarde?
우리 오늘 오후에 영화보러 갈까?

Perfecto.
아주 좋아.

¿Por qué no pasas el fin de semana con nosotros?
너 이번 주말 우리랑 보내는거 어때?

De acuerdo.
알았어.

¿Por qué no comes en casa?
너 우리 집에서 식사하는 거 어때?

Es que no tengo tiempo.
사실 시간이 없어.

¿Por qué no vamos a cenar fuera?
우리 밖에서 저녁 식사하는 거 어때?

Es que no me apecete mucho.
썩 내키지가 않아.

¿Quedamos mañana a las diez?
우리 내일 10시에 만날까?

No puedo. Tengo que trabajar.
안돼. 일해야만 해.

¿Nos vemos esta tarde?
오늘 오후에 우리 만날까?

¿Esta tarde? **Imposible. Lo siento.**
오늘 오후는 불가능해. 미안해.

CULTURA ESPAÑOLA
스페인의 결혼식

전통적으로 스페인에서 결혼식은 성당에서 열리며 신부는 하얀 드레스를 입는다. 결혼식 날 대부는 신부의 집으로가 신부를 성당까지 동행하며. 신랑은 어머니와 함께 성당으로가 신부를 기다린다. 신부님의 집도로 결혼식이 끝나고 신랑 신부가 성당 밖으로 나오면 하객들은 이들에게 축복과 다산을 기원하면서 쌀을 던 져준다. 그리고 근처의 식당으로 가 하객들과 식사를 하고 새벽까지 같이 춤추면서 그날을 즐긴다. 거기에 서 신랑 신부는 초대 손님들로부터 선물을 받는데 보통. 돈이 들어있는 봉투를 받는다. 신랑 신부는 다음날 신혼 여행을 떠나면서 결혼식을 마친다.

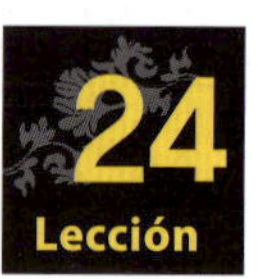

24 Lección

SE HA EQUIVOCADO. 잘못 거셨습니다

🎧 Diálogo

ⓐ ¿Sí? ¿Dígame?

ⓑ ¿Está Luis, por favor?

ⓐ ¿Luis? No, aquí no vive ningún Luis.

ⓑ ¿No es el 723 53 89?

ⓐ No, es el 723 53 88. Se ha equivocado.

ⓑ Lo siento

ⓐ No pasa nada.

ⓐ 네, 여보세요?

ⓑ 루이스 있나요?

ⓐ 루이스? 여기에는 어떤 루이스도 살지 않아요.

ⓑ 거기 723 5389아닌가요?

ⓐ 아니요, 723 5388입니다. 잘못 거셨습니다.

ⓑ 죄송합니다.

ⓐ 괜찮습니다.

Vocabulario

ningún	어떠한 (ninguno가 남성 명사앞에서)
Se ha equivocado	실수했다 (현재완료시제)
nada.	아무것
pasar	발생하다. 지나가다.
sentir	유감으로 생각하다

Vocabulario adicional

ocurrir 발생하다   **equivocarse** 실수하다   **la culpa** 잘못   **la falta** 실수
perdonar 용서하다   **disculpar** 용서하다   **perdón** 용서   **pedir perdón** 용서를
구하다   **pedir disculpas** 용서를 구하다

Esquema gramatical

숫자 Número

101	ciento uno		800	ochosientos, as
200	doscientos, as		900	novecientos, as
300	trescientos, as		1000	mil
400	cuatrocientos, as		2000	dos mil
500	quinientos, as		10000	diez mil
600	seiscientos, as		100000	cien mil
700	setecientos, as		1000000	un millón

전화번호 읽기

전화번호는 두 단위씩 끊어서 읽는 것이 일반적이다. 하지만 개인의 취향에 따라 하나씩 끊어서
읽거나, 단위 숫자로 읽기도 한다.

934 5645 nueve treinta y cuatro cincuenta y seis cuarenta y cinco
nueve tres cuatro cinco seis cuatro cinco
novecientos treinta y cuatro cincuenta y seis cuarenta y cinco

 **형용사 어미의 탈락 현상.**

일부 형용사들은 명사 앞에 위치할 때 어미가 탈락하는 현상이 있다.

1. 남성 단수 명사 앞에서 어미 "-o"가 탈락하는 형용사: bueno, malo, primero, tercero, alguno, ninguno

Él es un buen amigo. 그는 좋은 친구이다.

Juan es un mal hombre. 후안은 나쁜 남자다.

El primer libro de español es sobre la gramática. 첫번째 스페인어 책은 문법책이다.

2. 형용사 grande는 남성, 여성 단수 명사 앞에서 어미 "-de"가 탈락한다

gran hombre 위대한 남자

gran mujer 위대한 여자

3. 형용사 santo는 일부 남성 단수 명사 앞에서 '-to"가 탈락한다.

San Diego San José

San Juan San Francisco

Expresiones Útiles

Se ha equivocado.	실수했습니다.
La persona no está.	그런 사람은 없습니다
La persona se pone.	그 사람에게 연결해드리겠습니다.
¿Dígame?	여보세요 (저에게 말씀하세요?)
¿Está Ana, por favor?	아나 있나요?
No. Se ha equivocado.	아니요. 잘못 거셨습니다.

¿Qué te	**pasa?**	너 왜 그래 (무슨 일이야)?
le		당신
os		너희들
les		당신들
No me **pasa nada.**		아무 일도 아냐.
nos		

CULTURA ESPAÑOLA
광장 문화

스페인의 어느 도시나 마을을 가던지 그 도시의 중심에는 항상 커다란 광장이 자리잡고 있다. 이 광장은 그 마을의 중심적인 기능을 갖는 곳으로 과거에는 광장에서 투우 경기, 종교 재판, 교수형 등이 거행되었고, 지금은 시청 건물이나 대성당 등이 자리잡고 있어 그 마을의 행정, 문화의 중심지 역할을 한다. 그리고 그 마을의 축제일에는 모든 행사가 이곳 광장에서 거행되어 마을을 방문한 관광객들에게 그 마을의 문화를 알려주는 역할을 한다. 주말이나, 축제일에는 마을 사람들은 광장으로 모여들고, 그곳 광장에 위치한 대성당에서 미사를 보곤 한다. 그리고 광장 주변의 바Bar나 식당에서 차를 마시고 요기를 하고, 가족들과, 혹은 마을 사람들과 담소를 나누는 등 여유롭고 한가로운 휴일을 이곳 광장에서 보낸다.

25 VOY A LLAMAR MÁS TARDE.
Lección

다음에 다시 걸겠습니다.

🎧 Diálogo

ⓐ ¿Diga?

ⓑ ¿Está Luis, por favor?

ⓐ ¿De parte de quién?

ⓑ De Daniel.

ⓐ Pues en este momento no puede ponerse.
   ¿Quieres dejarle algún recado?

ⓑ No, gracias. Voy a llamar más tarde.

ⓐ 여보세요?

ⓑ 루이스 있나요?

ⓐ 누구라고 전할까요?

ⓑ 다니엘이라고 전해주세요.

ⓐ 지금은 통화할 수가 없는데,
   메시지 남기시겠어요?

ⓑ 아니요, 괜찮습니다. 다음에 다시 걸겠습니다.

Vocabulario

en este momento	지금
ponerse	연결하다
dejar	남기다
algún	**alguno**의 변형 (남성 명사 앞에서)
el recado	메시지
llamar	부르다
más tarde	나중에

Vocabulario adicional

ahora 지금　**conectar** 연결시키다.　**el mensaje** 메시지　**luego** 나중에

el, la telefonista 전화 교환원　**el guía, la guía** 안내원

Esquema gramatical

서수　Número ordinal

스페인에서 서수는 보통 명사의 앞, 뒤에 위치하고, 항상 정관사와 함께 사용한다. 편의상 11번째 이상의 서수는 기수로 대신해서 사용하기도 한다.

primero, a	첫번째	segundo, a	두번째
tercero ,a	세번째	cuarto, a	네번째
quinto, a	다섯번째	sexto, a	여섯번째
séptimo, a	일곱번째	octavo, a	여덟번째
noveno, a	아홉번째	décimo, a	열번째

Hoy vamos a estudiar la cuarta lección.
오늘 우리는 제4과를 공부합니다.

El rey de España es don Juan Carlos I (primero).
스페인의 왕은 후안 카를로스 1세입니다.

La Primera Guerra Mundial.
제 1차 세계 대전

La Segunda Guerra Mundial
제 2차 세계 대전

Hoy es el quinto aniversario de la fundacion del país.
오늘은 건국 500주년 입니다.

주의

1. 기수의 서수 사용

명사를 수식하는 서수는 명사 앞에 혹은, 명사 뒤에 위치한다. 그리고 수량을 나타내는 기수는 명사 앞에 위치한다. 그러나 기수가 서수처럼 사용될 경우에는 항상 명사 뒤에만 위치해야 한다.

la lección segunda	제 2과
la segunda lección	제 2과
la sección dos	제 2과
dos lecciones	두 개의 과

# Expresiones Útiles

¿Quiere usted esperar un momento?　　　잠시만 기다려　　　　주시겠습니까?
　　　　　llevar esta maleta?　　　　　이 가방 좀 들어다
　　　　　esperar su turno?　　　　　당신 차례를 기다려
　　　　　aguantar un poco más?　　　조금만 더 참아

¿Con quién hablo?　　　　　　　　　누구십니까?
Entonces llamo más tarde.　　　　　그러면 나중에 전화하겠습니다.
No, gracias, ¿sabe a qué hora va a llegar?　아니요, 감사합니다. 몇 시에 도착하는지 아십니까?
No, no está, ¿quién la llama?　　　　아니요, 없습니다. 누구시죠?
Sí, ¿quieres dejarle algún recado?　네, 메시지 남기시겠습니까?
Soy Juan. ¿Es usted su madre?　　저는 후안입니다. 어머니 되십니까?
Un momento, por favor, es que no sé si está.　　잠시만요. 있는지 잘 모르겠습니다.
¿Está Jorge?　　　　　　　　　　　호르헤 있나요?
Sobre las dos y media, más o menos.　대략 2시 반경에.
Sí, un momento.　　　　　　　　　네, 잠시만요.
Ahora se pone.　　　　　　　　　지금 연결해드리겠습니다.

CULTURA ESPAÑOLA

마드리드 마요르 광장 La Plaza Mayor

마요르 광장은 펠리페 3세의 명으로 유명한 건축가 후안 데 에레라의 설계로 1619년에 조성된 광장이다. 그 후 1631년 1672년 1790년 세차례의 대 화재로 인해 원래의 모습은 사라졌으나 1854년 보수 공사를 끝내고 9개의 아치를 갖춘 직사각형 모양의 광장으로 거듭나게 되었다. 중앙에는 펠리페 3세의 기마상, 북쪽에는 plaza mayor라는 이름이 새겨진 현판이 보인다. 광장으로 통하는 9개의 문이 있어 어디서든 쉽게 들어갈 수 있다.

TEMA 11 쇼핑하기

26   이 오렌지는 일 킬로그램에 얼마입니까?
27   정규노선입니까. 저가 항공입니까?

EMERGENCIA
- RELLOTGERIA
RÍA - RELOJERIA
EVITA PERONI
PER REFORMES
DE LA BOTIGA
Si us plau, disculpeu les molèsties. Gràcies
EL DEPARTAMENT
DE LLENCERIA I COTILLERIA
S´HA TRALLADAT
A LA 6ª PLANTA
EL DEPARTAMENTO DE
LENCERIA Y CORSETERIA
HA SIDO TRASLADADO
A LA 6ª PLANTA
OR REFORMAS
E LA TIENDA
disculpen las molestias. Gracias

¿A CUÁNTO ESTÁ EL KILO DE NARANJAS?
이 오렌지는 일 킬로그램에 얼마입니까?

26 Lección

🎧 Diálogo

a ¡Hola, buenas tardes!

b ¿Qué quiere usted, señora?

a ¿Estas naranjas están buenas, hoy?

b Están bonísimas, señora.

a ¿A cuánto está hoy el kilo?

b La naranja está a un euro el kilo.

a Muy bien. Deme cinco kilos.

b Vale. Aquí tiene, señora.
¿Quiere algo más?

a No.nada más.

a 안녕하세요.

b 무엇을 드릴까요, 부인?

a 이 오렌지 오늘 좋은가요?

b 아주 좋습니다. 부인.

a 일 킬로에 얼마죠?

b 오렌지는 일 킬로에 일 유로입니다.

a 좋아요. 오 킬로 주세요.

b 네, 여기 있습니다, 부인. 더 필요한 거는 없나요?

a 아니요, 없습니다.

Vocabulario

la naranja	오렌지
el euro	유로 화폐
el kilo	킬로 (**el kilógramo**의 약어)
deme	동사 **dar**(주다)의 3인칭 명령형과 목적 대명사 me의 결합형
aquí tienen	여기 있습니다.
algo	어떤 것
nada	아무 것도

Vocabulario adicional

el limón 레몬　**la manzana** 사과　**la pera** 배　**el melocotón** 복숭아

la cereza 채리　**la sandía** 수박　**la lechuga** 상추　**la cebolla** 양파

el tomate 토마토　**la zanahoria** 당근　**la espinaca** 시금치

la aceituna 올리브 열매　**la oliva** 올리브 열매

Esquema gramatical

과거 분사의 형용사 용법

과거 분사는 명사 뒤에 위치하여 형용사 기능을 한다.

la casa vendida 팔린 집

la puerta abierta 열린 문

el libro escrito en coreano 한국어로 쓰여진 책

el edificio construido por el arquitecto famoso 유명한 건축가가 지은 건물

때때로 동사 뒤에서 보어 역할을 한다. 이 경우 과거 분사는 주어, 혹은 타동사의 목적어와 성. 수 일치를 한다.

El reloj está roto. 시계가 부서졌다.

Llegamos cansados. 우리들은 피곤한 상태로 도착했다.

Tengo preparada la cena para Cristina. 나는 크리스티나를 위해 저녁을 준비해 놓았다.

La sesión queda suspendida. 회의가 중단되었다.

자동사 estar, quedar 뒤에 위치한 과거 분사는 주어와 성. 수 일치를 이루어야 하지만, 타동사 tener, dejar 뒤에 오는 과거 분사는 이 동사들의 목적어와 성. 수 일치를 이루어야 한다.

Ella tiene escritas varias cartas. 그녀는 여러 통의 편지를 써놓았다.
Dejo abierta la puerta. 나는 문을 열어 놓았다.
La ventana está abierta. 창문이 열려있다.

Expresiones Útiles

Aquí	**tiene** (usted) el periódico. 여기	신문	있습니다.
	el dinero.	돈	
	las manzanas	사과	
tienes	la bolsa	봉투	있어.
	los zapatos.	구두	
	las naranjas.	오렌지	

¿A cuánto está el kilo de pera? 배 1킬로에 얼마입니까?
manzana? 사과
cereza? 채리

La manzana **está a** 2 euros el kilo. 사과는 1킬로에 2유로 입니다.

¿Qué le pongo? 무엇을 드릴까요?
La merluza está fresca, ¿verdad? 명태는 신선하죠, 그렇죠?
Claro que sí. 물론입니다.
Entonces, póngame ésta. 그러면 이거 주세요.

Medio kilo de este jamón, por favor. 햄 0.5 킬로 주세요.
¿De éste? 이거로요?
Sí, de ése. ¿A cómo está? 네, 그거로요. 얼마죠?
A 25 euros el kilo. 킬로에 25유로입니다.

CULTURA ESPAÑOLA

람블라스 거리의 명소 산 요셉 시장 Mercat de Sant Josep de Barcelona

산 요셉 시장 Mercat de Sant Josep은 람블라스 거리의 명소이자 바르셀로나에서 가장 규모가 큰 전형적인 스페인 시장이다. 이 시장에서는 여러 종류의 신선한 과일과 생선, 육류 등 스페인 요리에 필요한 다양한 식 재료를 팔고 있으며 항상 얼굴에 웃음을 띠고 있는 상인들과 시민들의 흥정 소리로 항상 활기가 넘치는 곳이다.

27 Lección

¿EN VUELO REGULAR O CON TARIFA MINI?
정규노선입니까, 저가 항공입니까?

Diálogo

ⓐ ¿Cuánto cuesta un billete de avión Barcelona-Granada?

ⓑ ¿En vuelo regular o con tarifa mini?

ⓐ ¿Me puede decir el precio de los dos, por favor?

ⓑ El vuelo regular cuesta 135 euros y la tarifa mini, 93 euros.

ⓐ Gracias.

ⓐ 바르셀로나–그라나다 비행기 티켓은 얼마입니까?

ⓑ 정규 노선이요 아님 저가 항공 요?

ⓐ 두 가지 다 가격을 말씀해 주세요.

ⓑ 정규 노선은 135유로이고 저가 항공은 93유로입니다.

ⓐ 감사합니다.

Vocabulario

Cuánto	의문사 (양을 나타내는 의문사)
cuesta	동사 costar (값이 얼마이다)의 3인칭 단수형
el billete de avión	비행기 티켓
el vuelo	비행
regular	보통의
el precio	가격
la tarifa	가격
la tarifa mini	할인 가격

Vocabulario adicional

el ticket 티켓　**el asiento** 좌석　**la maleta** 트렁크　**la primera clase** 일 등급
la segunda clase 이 등급　**el horario** 시간표　**el itinerario** 일정
el recorrido 노선　**el tren** 기차　**el andén** 플랫폼　**el vagón restaurante** 식당
칸　**el autobús** 버스　**el AVE (Alta Velocidad de España)** 스페인 고속 철

Esquema gramatical

어간 모음 변화 동사

동사들 중 일부는 어미 앞에 위치한 하나의 모음이 이중 모음으로 변화하는 특징을 갖는 동사들
이 있다. 이 현상은 동사의 모음에 강세가 위치할 경우 나타난다.

1. "-e" → "-ie"

pensar			
(yo)	pienso	(nosotros/as)	pensamos
(tú)	piensas	(vosotros/as)	pensáis
(él/ella /usted)	piensa	(ellos/ellas/ustedes)	piensan

Siempre pienso en Cristina. 항상 나는 크리스티나를 생각한다.
Pienso que Juan no viene a clase hoy.

나는 후안이 오늘 수업에 오지 않을 거라 생각한다.

Pienso trabajar en una empresa grande. 나는 대기업에서 일할 생각이다.

〈같은 변화형을 갖는 동사들〉
sentar (앉히다), querer(원하다), sentir (느끼다), mentir (속이다)

2. "–o" → "–ue"

dormir			
(yo)	**due**rmo	(nosotros/as)	dormimos
(tú)	**due**rmes	(vosotros/as)	dormís
(él/ella /usted)	**due**rme	(ellos/ellas/ustedes)	**due**rmen

No duermo bien por la noche. 나는 밤에 잘 자지 못한다.

〈같은 변화형의 동사들〉
costar (비용이 들다), volver (돌아오다), poder (할 수 있다), morir (죽다)

3. "–e" → "–i"

pedir			
(yo)	pido	(nosotros/as)	pedimos
(tú)	pides	(vosotros/as)	pedís
(él/ella /usted)	pide	(ellos/ellas/ustedes)	piden

Te pido perdón por mi culpa. 나는 너에게 내 잘못에 대해 용서를 구한다.

〈같은 변화형의 동사들〉
seguir (계속하다), impedir (방해하다), conseguir (획득하다), repetir (반복하다)

Expresiones Útiles

¿Me puede decir la verdad? 저에게 진실을 말해주시겠습니까?
el precio de esta porcelana? 이 도자기의 가격을
cuándo llega Ana? 아나가 언제 도착하는지

¿Le ayudo? 도와드릴까요?
Sí, muéstrame esta chaqueta roja. 네, 이 빨간 자켓 좀 보여주세요.
¿Qué talla tiene usted? 사이즈가 어떻게 되십니까?
Esta chaqueta le viene muy bien. 이 자켓이 당신에게 잘 어울립니다.

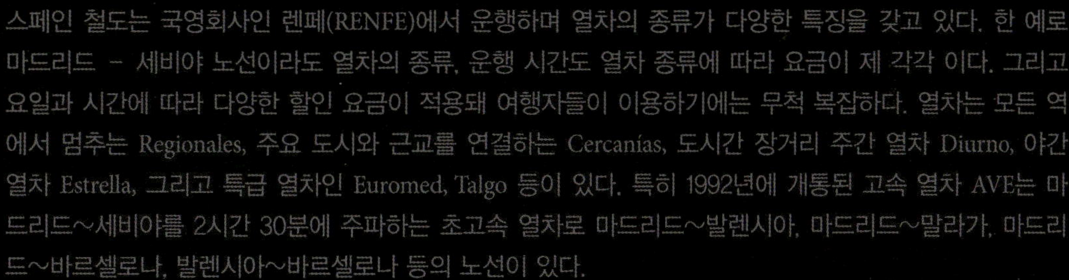

CULTURA ESPAÑOLA
스페인 철도

스페인 철도는 국영회사인 렌페(RENFE)에서 운행하며 열차의 종류가 다양한 특징을 갖고 있다. 한 예로 마드리드 – 세비야 노선이라도 열차의 종류, 운행 시간도 열차 종류에 따라 요금이 제 각각 이다. 그리고 요일과 시간에 따라 다양한 할인 요금이 적용돼 여행자들이 이용하기에는 무척 복잡하다. 열차는 모든 역에서 멈추는 Regionales, 주요 도시와 근교를 연결하는 Cercanías, 도시간 장거리 주간 열차 Diurno, 야간 열차 Estrella, 그리고 특급 열차인 Euromed, Talgo 등이 있다. 특히 1992년에 개통된 고속 열차 AVE는 마드리드~세비야를 2시간 30분에 주파하는 초고속 열차로 마드리드~발렌시아, 마드리드~말라가, 마드리드~바르셀로나, 발렌시아~바르셀로나 등의 노선이 있다.

28   우리 영화 보러 갈까?
29   퇴근하면 뭐 할거야?

28 Lección

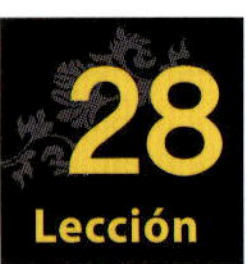

¿POR QUÉ NO VAMOS AL CINE?
우리 영화 보러 갈까?

🎧 Diálogo

a ¿Por qué no vamos al cine esta noche?

b ¿Qué película?

a La de Pedro Almodóvar.
Esta noche su nueva película se estrena.

b Yo también quiero verla, pero tengo mucho que hacer.

a Estos días trabajas mucho, y tienes que descansar un poco.
Mañana es sábado.

b Vale, vamos.

a 우리 오늘 저녁에 영화 보러 가는 거 어때?

b 무슨 영화?

a 페드로 알모도바르 영화. 오늘 저녁에 그의 새 영화가 개봉해.

b 나도 보고 싶어, 하지만 할일 이 많아서.

a 요즘 너는 일을 많이 해, 좀 쉬어야 해. 내일은 토요일이야.

b 알았어. 가자.

Vocabulario

el cine	영화관
la película	영화
esta noche	오늘 저녁
se estrena	개봉되다
mucho que hacer	할 일이 많은
descansar	쉬다.
estos días	요즈음

Vocabulario adicional

la cartelera 포스터　　**el anuncio** 광고　　**el actor** 남자 배우　　**la atriz** 여자 배우

el, la protagonista 남(여) 주인공　　**el acomodador** 극장 안내인

la taquilla 매표소

Esquema gramatical

관계대명사 1 Pronombres relativos 1:Que

명사를 수식하는 형용사가 문장일 경우 명사와 문장을 이어주는 접속사가 사용이 되는데 이런 접속사를 관계사라고 하며, 그 기능에 따라 관계 대명사, 관계 형용사, 관계 부사 등으로 구분된다.

관계 대명사에는 여러 종류 (que, quien, el que, el cual..)가 있는데 그 대표적인 que에 대해 알아보자.

관계 대명사 que는 그 앞에 위치한 명사 −선행사− 가 사람, 사물에 관계 없이 사용되며, 그 선행사가 뒤 형용사 절에서 주어, 목적어, 부사의 기능을 갖는다.

La casa que es grande (사물 − 주어) 큰 집

La casa que voy a comprar (사물 − 목적어) 내가 사려고 하는 집

La casa en que viven mis padres (사물 − 장소의 부사) 나의 부모님들이 사시는 집

La mujer que quiere casarse conmigo (사람 – 주어) 나와 결혼하고 싶어하는 여자
La mujer que quiero mucho (사람 – 목적어) 내가 무척 사랑하는 여자
La mujer con la que voy a casarme (사람 – 전치격 부사) 내가 결혼하려는 여자

La chica que está detrás de ti es muy guapa. 너의 뒤에 있는 여자애는 아주 예쁘다.
Voy a cantar la canción española que te gusta mucho. 나는 네가 아주 좋아하는 스페인 노래를 부를 것이다.
La mujer que voy a invitar a cenar es Cristina. 내가 저녁 식사에 초대할 여자는 크리스티나이다.
La casa que va a vender Juan cuesta 50.000 euros. 후안이 팔려고 하는 집은 값이 5만 유로이다.

 ## Expresiones Útiles

¿Por qué no invitas a Cristina a la fiesta? . 너 크리스티나를 파티에 초대하는 것이 어때?
quieres cenar? 너 저녁 먹지 않을래?
venís al teatro esta tarde? 너희들 오늘 오후에 연극 보러 가지 않을래
vienes este fin de semana al campo? 너 이번 주말에 시골에 가지 않을래?
vamos al cine esta noche? 우리 오늘 저녁에 영화 보러 갈까?

Tengo **algo que** contarte. 나는 너에게 말해줄게 있다
comer. 먹을 것이

No tengo **nada que** beber. 나는 마실게 하나도 없다.
hacer. 할 일이
vestir. 입을 게

Tengo **mucho que** confesarte. 나는 너에게 고백할 것이 많이 있어
preparar esta noche. 오늘 밤에 준비할 것이
trabajar. 할 일이

En este luar hay **mucho que** ver. 이곳에는 볼 것이 많이 있다.
divertirse. 즐길 것이

CULTURA ESPAÑOLA
마드리드 스페인 광장 La plaza de España de Madrid

이 광장은 마드리드 최고의 번화가인 그란 비아가 시작되는 광장으로 세르반테스의 기념비가 있어 유명하다. 중앙에는 광장을 내려다보는 세르반테스, 돈키호테, 산쵸의 동상이 세워져 있고 라만차 지방에서 가져온 올리브 나무가 광장을 둘러싸고 있고, 광장 주위에는 현대식 건물로 가득하다.

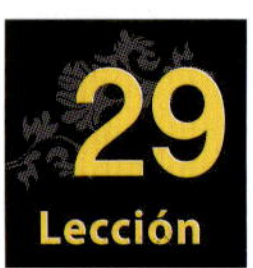

29
Lección

¿QUÉ VAS A HACER DESPUÉS DEL TRABAJO?
퇴근하면 뭐 할거야?

Diálogo

ⓐ ¿Qué vas a hacer después del trabajo?

ⓑ ¿Hoy o normalmente?

ⓐ Ahora mismo.

ⓑ Hoy es jueves, ¿verdad? Pues, voy al gimnasio.

ⓐ ¿Vas todos los días?

ⓑ No, sólo los martes y los jueves.

ⓐ Tienes una vida muy organizada, verdad?

ⓑ Sí.

ⓐ 퇴근하면 뭐 해?

ⓑ 오늘 아님 보통 때?

ⓐ 오늘?

ⓑ 오늘 목요일이지? 체육관에 가.

ⓐ 매일 가는 거야?

ⓑ 아니, 화요일과 목요일에만.

ⓐ 너는 계획된 생활을 하는구나, 그렇지?

ⓑ 맞아.

Vocabulario

después de	−이 후에	los martes	매주 화요일
el trabajo	일	los jueves	매주 목요일
hoy	오늘	organizado, a	조직된, 계획된
normalmente	보통	todos los días	매일 매일
el gimnasio	체육관		

Vocabulario adicional

el ocio 취미　**la obra de teatro** 연극 작품　**la vida cotidiana** 일상 생활

la corrida de toro 투우　**el partido de fútbol** 축구 시합

el salón de baile 무도장　**el concierto** 콘서트　**la natación** 수영

la piscina 수영장　**la equitación** 승마

Esquema gramatical

부사형 −mente

스페인어 형용사들은 뒤에 −mente"를 붙여 부사가 된다. 이 경우 형용사는 여성형이 되어야 한다. 주의 할 것은 이 부사형의 주 강세는 형용사에 있는 것이 아니라 접미사 "−mente"에 위치한다는 사실이다.

peligroso – peligrosamente 위험하게
ruidoso – ruidosamente 시끄럽게
general - generalmente 일반적으로
amable – amablemente 친절하게
cómodo – cómodamente. 편하게
cuidadoso – cuidadosamente 조심스럽게
claro – claramente 명백히
fácil – fácilmente 쉽게
necesario – necesariamente 필요하게
feliz – felizmente 행복하게
solo – solamente 오직

 관계 대명사 2 **pronombre relativo: Quien**

관계 대명사 quien은 선행사가 사람인 경우에 사용된다. 이 경우 선행사가 형용사 절에서 주어 역할을 하는 경우에는 사용이 불가능하며, 목적어 역할인 경우에는 **quien** 앞에 전치사 "a"를 동반해야 한다.

> La mujer a quien quiero es Cristina. 내가 사랑하는 여자는 크리스티나다.
> El hombre que quiere a Cristina es yo. 크리스티나를 사랑하는 남자는 나다.
> El hombre quien quiere a Cristina es yo.(x)

단, 형용사절이 설명적 용법으로 (삽입구 형식으로) 삽입 될 경우에는 선행사가 주어라 할지라도 **quien**의 사용이 가능하다.

> El hombre, quien quiere a Cristina, es yo. 크리스티나를 사랑하는 남자는 나다.

Expresiones Útiles

¿Qué vas a hacer el fin de semana?   이번 주말에   무엇 할거야?

           este verano?   이번 여름에

           durante las vacaciones de verano?   여름 휴가 동안

           esta noche?   오늘 저녁

           pasado mañana?   모레

¿Sabes ya qué vas a hacer esta tarde? 좋아. 오늘 오후에 무엇을 할지 결정했어?

Pues no sé... 음.. 모르겠어.

Carlos y yo vamos a ir de paseo a la montaña Nam. Y no sé si quieres venir con nosotros.

카를로스와 나는 남산에 산책 갈 예정인데. 네가 우리와 같이 갈지 잘 모르겠다.

¿Nam? Eso está lleno de gente ahora. Prefiero ir a otra parte...

남산? 지금 남산은 사람들로 붐비고 있어. 다른 곳으로 가는 것이 더 좋은데.

¿Prefieren el campo o el lago? 시골이나 호수는 어때?

No sé, me da igual... 잘 모르겠어. 다 같아.

Tengo una idea. 내가 좋은 생각이 하나 있는데.

¿Por qué no invitamos a mi hermano? 우리 내 형을 초대하는 것이 어때?

Está esperándome en su casa. 지금 집에서 나를 기다리고 있어.

CULTURA ESPAÑOLA
부활절 Semana Santa

Semana Santa는 부활절 전의 일주일 간을 일컬으며, 그리스도가 십자가에서 처형을 받기 까지 지상에서 겪은 고난을 추념하는 기간이다. 십자가를 지고 나아가는 행렬을 뒤따르며, 그리스도가 인간으로서 겪은 번민과 온갖 수모, 그리고 고통을 기억하며 추모하는 행사를 이 기간에 갖는다. 성체의 행렬은 안달루시아 기원의 "영광의 종교행렬"과 기타 지역의 "피의, 고난의 행렬"로 구분 되나, 최근에는 후자가 주종을 이루고 있다. 행렬에는 삼각형 두건을 쓴 신자들이 그리스도와 성모 마리아 동상을 메고 지나가고 뒤를 이어 발목에 쇠줄을 메고 힘겹게 걸어가는 신도들이 나타난다. 이렇게 성주간 동안에는 스페인 전체가 온통 종교 행렬과 거리를 가득 메운 시민, 관광객들로 북적거린다. 특히, 세비야Sevilla와 쿠엔카Cuenca 말라가Málaga, 사모라Zamora의 성 주간이 성대하다.

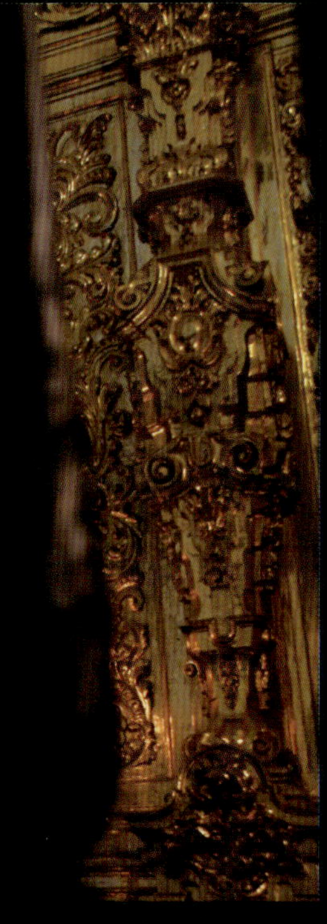

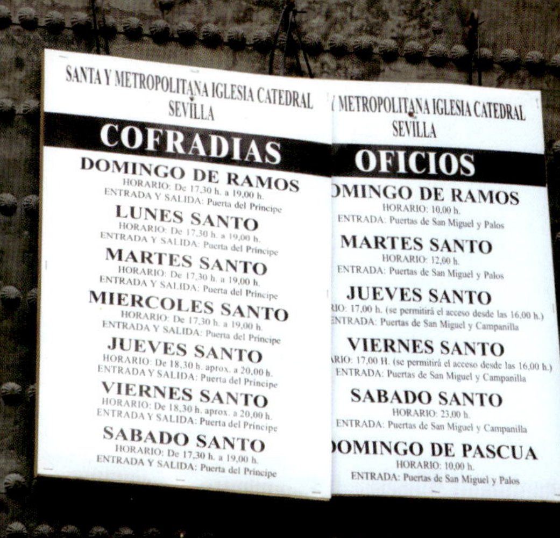

Salida
EXIT

TEMA 13 여행표현

30   이번 부활절 기간에 바르셀로나로 여행 갑시다.
31   바르셀로나에는 무엇이 유명한가요?
32   바르셀로나에서는 스페인어를 사용하지 않나요?

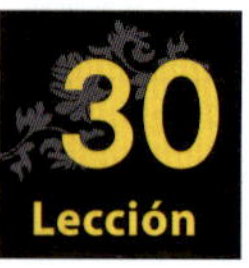

VAMOS A VIAJAR POR BARCELONA DURANTE LA SEMANA SANTA. 이번 부활절 기간에 바르셀로나로 여행 갑시다.

Diálogo

a Juan, ¿qué vas a hacer durante la Semana Santa?

b Pues, pienso quedarme en casa.
Estoy muy cansado estos días.

a ¡Anda! Anímate. Vamos a viajar por Barcelona.
¿Qué te parece?

b Me parece bien, pero...

a Si vienes conmigo, te vas a divertir.

b ¿De verdad?. Muy bien.

a 후안, 너 이번 부활절 기간에 무엇을 할거야?

b 집에 있을 생각이야.
요즘, 나 너무 피곤하거든.

a 기운 내! 우리 바르셀로나 여행가자.
너 어때?

b 좋은데, 하지만...

a 네가 나랑 같이 간다면, 재미있을거야.

b 정말? 좋아.

Vocabulario

la Semana Santa	부활절 주간	estos días	요즈음
pienso	동사 **pensar**(생각하다)의 1인칭 단수형	anda	자 (격려의 감탄사)
		animarse	기운 내다
quedarse	남아 있다.	divertir	즐거움을 주다
cansado	피곤한		

Vocabulario adicional

la panadería 빵집　**la pastelería** 케이크 집　**la librería** 서점　**la florería** 꽃가게

la pescadería 생선가게　**la carnicería** 정육점　**la zapatería** 구두 가게

la papelería 문구점　**la farmacia** 약국　**la barbería** 이발소　**la peluquería** 미장원　**el salón de belleza** 미장원　**la pizzería** 피자가게　**la joyería** 보석가게

Esquema gramatical

명령형

동사의 명령형은 상대방에게 명령의 의미로 사용될 때 사용되는 동사의 형태이다.
규칙 동사의 형태는 다음과 같다:

	hablar	comer	vivir
tú	habla	come	vive
usted	hable	coma	viva
vosotros	hablad	comed	vivid
ustedes	hablen	coman	vivan

Espera un momento. 잠시만 기다려줘.

Habla (tú) en español. 스페인어로 말해.

Habla en voz baja. 작은 소리로 말해

Venid pronto. 곧 와.

Toma. 가져.

Descanse bien. 편히 쉬세요.

 ## Expresiones Útiles

¿Qué hacéis este fin de semana? 너희들 이번 주말에 무엇을 할거야?

-Vamos a París. 우리 파리가

-Seguramente vamos a pasar el fin de semana en París. 확실히 파리에서 주말을 보낼거야.

-A lo mejor vamos a París. 아마 파리에 갈 거야.

¿Qué te parece	la idea de Juan?	너는	후안의 의견	어떻게 생각해?
	la cultura coreana?		한국 문화	
	viajar por Grecia?		그리스 여행	
	comer juntos?		함께 식사하는 거	

Pienso	jugar al tenis con mis amigas.	나는	친구와 테니스 칠	예정이야
	ir de excursión al río.		강으로 소풍 갈	
	comer en el restaurante coreano.		한국 식당에서 식사할	
	invitar a mis compañeros a cenar.		동료를 저녁식사에 초대할	
	descansar en casa.		집에서 쉴	
	limpiar la casa.		집 청소 할	

Creo que voy a acostarme pronto y a leer. 나는 일찍 잠자리에 들어서 책을 읽을 생각야.

¿Vas a quedar con Diego? 디에고 만날 거야?

Creo que sí. 그럴 거야.

Voy a llamarlo después. 내가 나중에 전화할 거야.

Tengo ganas de ir de excursión a la montaña. 산으로 야유회 가고 싶어.

¿Quieres venir? 너 올래?

Es que estoy un poco cansada. 사실 나 좀 피곤해.

Mujer, anímate. es un paseo muy agradable. 기운 내. 재미있는 산책이 될 거야.

Entonces, paso por tu casa ahora. 그럼, 지금 너의 집에 들릴게.

CULTURA ESPAÑOLA

바르셀로나

아름다운 지중해에 위치한 스페인 제2의 도시 바르셀로나는 스페인 속의 작은 국가로 불리는 까딸루냐 지방의 수도이다. 유럽 대륙과 가깝다는 지리적 여건 탓에 수많은 전쟁과 외세의 침입을 겪었지만 이런 역사적 배경을 바탕으로 스페인 제일의 상업도시이자 가장 서구적인 문화를 가진 도시로 발달했다. 뿐만 아니라. 예술과 건축 수준도 높아 예로부터 많은 예술가의 활동 무대가 되기도 했다. 건축가 가우디와 화가 피카소. 미로 등이 이곳에서 다양한 작품 활동을 벌였으며, 지금도 유럽의 꽃으로 표현될 정도로 아름다움을 잘 간직하고 있다.

31 Lección

¿CUÁL ES EL SITIO MÁS FAMOSO DE BARCELONA?
바르셀로나에는 무엇이 유명한가요?

🎧 Diálogo

ⓐ ¿Cuál es el sitio más famoso de Barcelona?

ⓑ Por supuesto, las obras de Antonio Gaudí.

ⓐ ¿Antonio Gaudí? ¿Quién es?

ⓑ Es un arquitecto muy famoso del siglo XX.
No conoces la Sagrada Familia?

ⓐ No me suena mucho.

ⓑ Es la iglesia más grande del mundo,
y aún no se ha terminado la construcción pese a pasar 100 años.

ⓐ ¿Sí? Me gustaría verla.

ⓐ 바르셀로나에서 가장 유명한 곳은 어디야?

ⓑ 당연히 안토니오 가우디 작품이지.

ⓐ 안토니오 가우디? 누군데?

ⓑ 20세기에 가장 유명한 건축가야.
너 사그라다 파밀리아 몰라?

ⓐ 잘 모르겠는데.

ⓑ 세계에서 제일 큰 성당이고. 100년이 지났지만 아직도 건축이 끝나지 않았어.

ⓐ 그래? 봤으면 좋겠다.

Vocabulario

cuál	의문사 (선택의 의미, 어떤 것)	no me suena	기억이 안나.
famoso 유명한		la iglesia	교회
por supuesto	당연히	la construcción	건축
la obra	작품	pese a	−이지만
el arquitecto	건축가	pasar	지나다.
La Sagrada Familia	사그라다 파밀리아 대성당	me gustaría...	− 하면 좋을 텐데.

Vocabulario adicional

la arquitectura 건축   **construir** 건설하다   **el ayuntamiento** 시청
la agencia de viaje 여행사   **el guía, la guía** 안내인   **la catedral,** 성당
el palacio 궁전   **el alcázar** 성   **la muralla** 성벽   **el turismo** 관광
el impuesto sobre el valor añadido (IVA) 부가가치세

Esquema gramatical

증대사와 축소사

스페인어에는 명사, 형용사, 부사 등에 다양한 의미를 부여하기 위해 접미사를 사용하는데, 여기에는 증대사, 축소사 등이 있다.

증대사

증대사는 명사 뒤에 붙어 의미가 크다거나 또는 경멸의 의미를 부여할 때 사용되며, 그 종류는 "-ón, -ona, -ote, -ota" 등이 있다:

hombre – hombrón 덩치가 큰 남자

mujer – mujerona 덩치가 큰 여자

soltero, a – solterón, na 노총각, 노처녀

chico, a – chicarrón, na 덩치가 큰 소년, 소녀

cabeza – cabezota 고집쟁이

 축소사

축소사는 명사의 의미가 작다거나 귀엽다거나 사랑스러울 때 사용한다. 여기에 사용되는 접미사는 "–ito, a, -cito, a, -illo, a, -ecillo, a" 등이 있다.

hijo, a – hijito, a 귀여운 아들, 딸

chico, a – chiquito, a 사랑스런 소년, 소년

momento – momentito 짧은 순간

padre – padrecito 사랑스런 아버지

madre – macrecita 사랑스런 어머니

papá – papaíto 사랑스런 아빠

mamá – mamíta 사랑스런 엄마

pan – panecillo 작은 빵

Expresiones Útiles

Me gustaría viajar por Valencia con Cristina.   크리스티나와 발렌시아 여행하면   좋을텐데.
hablar con Eva en personal.   에바와 개인적으로 얘기하면
saber cuál es el precio de ese bolso. 그 가방 가격이 얼마인지 알면

No conozco Sevilla   나는   세비야를   잘 모른다 (가본적이 없다)
Mykonos de Grecia.   그리스의 미코노스 섬을
la Casa Milá.   카사 밀라를

¿Qué opina usted de la Casa Milá?   당신은 카사 밀라에   대해 어떻게 생각하세요?
la economía española?   스페인 경제에
el fútbol español?   스페인 축구에
la política coreana?   한국 정치에

Yo pienso que... 제 생각은...
Creo que...
A mí me parece que....

Claro, por supuesto que sí. 물론이죠. 당연히 찬성입니다.
Estoy totalmente de acuerd con... ~에 전적으로 동감합니다.
No estoy de acuerdo con... ~에 찬성하지 않습니다.
No me importa.... 상관 없습니다.

CULTURA ESPAÑOLA
사그라다 파밀리아 성당

사그라다 파밀리아 교회(성 가족 교회, 카탈루냐어: Basilica i Temple Expiatori de la Sagrada Familia, 스페인어: Basilica y Templo Expiatorio de la Sagrada Familia)는 스페인 바르셀로나에 건축되고 있는 로마 가톨릭 성당이다. 카탈루냐 출신의 건축가 안토니 가우디가 설계하고 직접 건축을 책임졌다. 가우디는 1883년부터 40년 이상 이 교회의 건설을 책임졌으며, 말년의 15년간은 여기에만 매진했다. 원래 네오 고딕 양식으로 설계되었으나 한 세기가 넘는 시간이 흐른 지금은 기독교에 이슬람 양식 (무데하르 양식) 을 가미된 초현실주의 양식으로 지어지고 있다. 아직 미완성 상태이며 기부금과 입장료만으로 공사가 진행되고 있어 완공까지는 얼마나 걸릴지 아무도 알 수 없다고 한다. 현재 완성된 부분은 옥수수 모양으로 솟은 4개의 탑과 지하 예배당 뿐이며, 교회 앞 뒷부분은 그리스도의 생애를 묘사한 부조로 장식돼 있다. 지하에는 성당에 관한 기록과 사진을 전시하는 자료실과 가우디의 묘가 있다.

¿EN BARCELONA NO SE HABLA ESPAÑOL?
바르셀로나에서는 스페인어를 사용하지 않나요?

Lección 32

 **Diálogo**

a En Barcelona no se habla español. ¿Qué idioma se habla?

b Se habla catalán, y también es romance.

a ¿Por qué no se usa el español en la Comunidad de Cataluña?

b En esta comunidad se usa el catalán, y el idioma oficial de esta zona es el catalán.

a ¿Hay otros idiomas oficiales en España, además del español, y el catalán?

b Sí, se habla gallego en la Comunidad de Galicia, y el euskera o el vasco en el País Vasco.

a Entonces, en España hay cuatro idiomas oficiales, ¿verdad?

b Sí.

a 바르셀로나에서는 스페인어를 말하지 않네. 어떤 언어를 말해?

b 카탈루냐어를 말하는데 이것도 또한 로망스 어야.

a 왜 카탈루냐 주에서는 스페인어가 사용되지 않아?

b 이 주에서는 카탈루냐 어가 사용되고, 이 지역의 공식 언어야.

a 스페인에는 스페인어, 카탈루냐 어 말고 다른 공용어가 있어?

b 그래, 갈리시아 주에서는 갈리시아 어, 바스크 주에서는 바스크 어가 사용돼.

a 그럼, 스페인에는 4개의 공용어가 있는 거네?

b 맞아.

Vocabulario

Se habla	말하여 진다 (비인칭의 se).
el idioma	djsdj
el catalán	카탈루냐 어
el romance	로망스 어
la Comunidad	주
oficial	공식의
la zona	지역
el gallego	갈리시아 어
el euskera, el vasco	바스크 어

Vocabulario adicional

la lengua oficial 공식언어   **la lengua materna** 모국어

la lengua extranjera 외국어   **el coreano** 한국어   **el japonés** 일본어

el chino 중국어   **el alemán** 독일어   **el francés** 불어   **el ruso** 러시아어

el quechua 케츄아 어   **el maya** 마야 어

주의

언어 명칭 el coreano, el espanol... 등은 명사로 쓰일 경우 남성 단수로 "～어"의 뜻과 "그 나라의 남자" 뜻을 가지고 있으며, 형용사로 "－그 나라의" 의미를 갖는다.

el coreano 한국어
el coreano, la coreana 한국 남자, 한국 여자
el traje coreano 한국 의상
la prensa coreana 한국 출판사

Esquema gramatical

비인칭의 SE SE impersonal

스페인어에서는 주어가 존재하지 않는 비인칭 문이 여러 종류 존재하는데, 그 중 하나가 se를 이용한 문장이다. 이 경우 동사는 항상 3인칭 단수형이 사용된다.

Se dice que Cristina habla muy bien el español y el portugués.
크리스티나는 스페인어와 포르투갈어를 잘 말한다고 사람들이 말한다.
Se habla español en varios estados de América.
미국의 여러 주에서 스페인어가 말하여진다.
Se vive feliz. 사람들이 행복하게 산다.
Aquí se vende pan. 여기에서 빵을 판다.
Se previene que mañana va a llover 내일 비가 올 거라 예상된다.
En este restaurante se come bien. 이 식당의 음식 맛이 좋다.
Se alquila un apartamento junto al mar. 바닷가 옆 아파트 세 놓습니다.
No se fuma aquí. 여기에서는 금연입니다.
Se busca secretaria. 비서를 구합니다.
Se trabaja con ahínco. 사람들이 열심히 일한다.

Expresiones Útiles

Se habla español en España.	스페인에서는 스페인어가 말하여집니다.	
coreano en Corea.	한국에서는 한국어가	
catalán en la Comunidad de Cataluña.	카탈루냐 주에서는 카탈루냐 어가	
gallego en la Comunidad de Galicia.	갈리시아 주에서는 갈리시아 어가	
vasco en el País Vasco.	바스크 주에서는 바스크 어가	

Se dice que Ana es la chica más simpática de la clase. 아나는 자기 반에서 가장 친절한 애라고 합니다.

hay un terremoto en Japón. 일본에서 지진이 있어났다고 합니다.

el Presidente va a visitar el cementerio nacional. 대통령이 국립묘지를 방문할 거라고 합니다.

CULTURA ESPAÑOLA

카탈루냐 어 (Catalán)

카랄루냐 주 (Comunidad de Cataluña)의 공식언어는 카탈루냐 어 (catalán, Català)이다. 이 언어는 카탈루냐 지방 이외에도, 발렌시아 지방, 발레아레스 제도, 안도라에서 사용되고 있다. 카탈루냐어는 스페인 어처럼 로망스어군에 속하는 언어이다. 카탈루냐 지방을 여행해보면 스페인 어와 전혀 다른 언어로 된 도시 표지판, 지하철 역 이름 등을 볼 수 있는데, 이런 언어 때문에 스페인과는 전혀 다른 세계에 와 있다는 인상을 받는다. 전 세계에서 900 만 명 정도가 사용하며, 그 대부분은 스페인의 카탈루냐 주에서 사용되고 있다.

BOCA DE AGUA
EN CASO
INCENDIO

33   오늘의 메뉴는 무엇입니까?
34   우리 저 바에서 간단히 무엇을 먹을까?

33
Lección

¿CUÁL ES EL MENÚ DEL DÍA, HOY?
오늘의 메뉴는 무엇입니까?

🎧 Diálogo

- **a** Hola, buenas tardes. ¿Qué quiere tomar?
- **b** ¿Cuál es el menú del día, hoy?
- **a** Hoy tenemos una ensalada mixta, paella de primero y de segundo, la merluza a la romana o la chuleta de cerdo.
- **b** Muy bien. Deme la paella y la merluza a la romana.
- **a** Y ¿para beber?
- **b** Una caña, por favor.
- **a** Muy bien.

- **a** 안녕하세요. 무엇을 드시겠어요?
- **b** 오늘의 메뉴는 무엇입니까?
- **a** 오늘은 첫 번째 요리로 믹스된 샐러드와 파에야, 두 번째 요리로 명태 구이 요리, 돼지 갈비 요리가 있습니다.
- **b** 그럼, 파에야와 명태 구이 주세요.
- **a** 마실 거는?
- **b** 생맥주 한잔요.
- **a** 알았습니다.

Vocabulario

el menú del día	오늘의 메뉴
la ensalasa	mixta
la paella	파에라 (스페인 철판 볶음밥)
de primero	첫 번째 요리로
de segundo	두 번째 요리로
deme	저에게 주세요
la merluza a la romana	명태 구이 요리
la chuleta de cerdo	돼지 갈비 스테이크
para beber	마실 것
una caña	생맥주

Vocabulario adicional

el desayuno 아침　**el almuerzo** 점심　**la merienda** 간식　**la cena** 저녁
desayunar 아침 식사 하다　**almorzar** 점심 식사 하다　**merendar** 간식을 먹다
cenar 저녁 식사 하다　**de postre** 후식으로　**el plato** 요리, 접시
tapas 타파 요리　**la sopa** 스프　**la ternera** 소고기 (송아지 고기)
el cordero 양고기　**el cerdo** 돼지 고기　**el pollo** 닭고기
el pescado 생선　**la carne bien hecha** 잘 익힌 고기
la carne medio hecha 중간쯤 익힌 고기　**la carne poco hecha** 살짝 익힌 고기
el agua mineral sin gas 생수　**el agua mineral con gas** 광천수

Esquema gramatical

비인칭 문 II

일반 동사의 3인칭 복수형으로 비인칭 문장이 표현된다.

Hablan español en España. 스페인에서는 스페인어가 사용된다.
Dicen que Cristina es la más guapa del mundo.
사람들이 크리스티나는 세상에서 제일 예쁘다고 한다.
¿Qué película ponen en este cine? 이 영화관에서는 어떤 영화가 상영되나요?

Llaman a la puerta. 누군가가 문을 노크한다.

Te llaman por teléfono. 너에게 전화가 왔어.

의문사 Cuál, Quél

사물을 지칭하는 의문사 qué는 대명사로, 혹은 형용사로 사용되는 반면에 cuál은 대명사로만 사용되어 뒤에 명사가 뒤따라 올 수 없다. 의미적으로 cuál은 여러 개 중에서 어떤 것을 의미하는 선택적 표현이 있다.

¿Cuál es el tuyo? 너의 것은 어느 것이야?

¿Cuál de vosotros es mexicano? 너희들 중 누가 멕시코 사람이야?

¿Cuál es tu número de teléfono? 너의 전화번호는 무엇이야?

¿Cuál es tu nombre? 너의 이름은 무엇이야?

¿Qué libro es el tuyo? 어떤 책이 당신 것입니까?

¿Qué vas a hacer esta tarde? 너는 오늘 오후에 무엇을 할 거야?

Expresiones Útiles

¿Qué van a tomar, señores? 선생님들, 무엇을 드시겠습니까?

¿Qué nos recomienda? 우리에게 무엇을 추천해 주시겠습니까?

En primer plato tenemos gazpacho, sopa de pescado, y de segundo, chuleta de cerdo, chuletas de cordero o filete de ternera.

첫번째 요리로 가스파쵸 스프, 생선 스프, 두번째 요리로 돼지 갈비 스테이크, 양고기 갈비, 소고기 스테이크가 있습니다.

¿Para beber? 마실 거는요?

¿De bebida, por favor? 마실 거는 요?

¿Qué van a tomar de postre? 후식으로 무엇을 드시겠습니까?

¡Qué aproveche! 맛있게 드십시오.

¡Buen provecho 맛있게 드십시오

¡Buen apetito 맛있게 드십시오.

¡Qué rico! 정말 맛있습니다.

¡Que sabroso! 정말 맛있습니다.

Estoy lleno. 배가 부릅니다.

CULTURA ESPAÑOLA
스페인 음식문화

스페인 속담 중에 "가장 중요한 것은 미사에 참석하는 것과 점심 식사하는 것이다. 하지만, 급한 일이 생기면 미사에 가지 않고 점심만 먹는다"(Lo primero y principal es oír misa y almorzar. Y si corre mucha prisa, amorzar y no ir a misa.) 라는 것이 있다. 이 속담에서 말하는 거처럼 스페인 사람들에게 먹는다는 것은 생활에서 제일 중요한 일이다. 그들은 하루 4끼를 기본적으로 먹는데 이중 제일 중요한 식사는 점심이다. 그리고 평균 수입의 1/3을 음식에 소비하는 등 일상 생활에서 늘 음식과 가까이하는 문화를 갖고 있다.

34 Lección

VAMOS A PICAR ALGO EN ESE BAR?
우리 저 바에서 간단히 무엇을 먹을까?

🎧 Diálogo

ⓐ ¿No tienes hambre, Juan?

ⓑ No tengo mucha hambre, pero puedo picar algo.

ⓐ Vamos a picar algo en ese bar.

ⓑ Vale, ¿qué quieres tomar?

ⓐ Quiero tomar una tapa de calamares.

ⓑ Muy bien. Me encanta la tapa de calamares.

ⓐ 후안, 배고프지 않아?

ⓑ 그리 배고프지는 않는데, 먹을 수는 있어.

ⓐ 우리 저 바에서 간단히 무엇을 먹자.

ⓑ 좋아, 너 무엇을 먹을 건데?

ⓐ 오징어 튀김 타파 먹고 싶어.

ⓑ 좋아, 나도 오징어 튀김 타파 요리 좋아해.

Vocabulario

hambre	배고품
picar	집어 먹다
la tapa	타파 (음식 스타일)
calamares	오징어
encanta	동사 **encantar**(좋아하다)의 3인칭 단수형

Vocabulario adicional

la cuchara 수저　　**el tenedor** 포오크　　**el cuchillo** 나이프　　**el palillo** 젓가락

el bocadillo 스페인 식 샌드위치　　**el aperitivo** 전채 요리　　**la tostada** 토스트

chipirones 꼴뚜기 튀김 요리　　**pulpo a la gallega** 갈리시아 식 문어요리

mejillones 홍합　　**jamón serrano** 스페인 식 햄　　**el chorizo** 쵸리소

la morcilla 스페인 식 순대　　**la cuenta** 계산서　　**los huevos fritos** 계란 프라이

la tortilla española (la tortilla de patatas) 스페인 식 오믈렛　　**sandwiches** 샌드위치

주의

la cuenta는 "계산서"이고 el cuento는 "이야기책"이다. 이들 명사는 모두 동사 contar에서 파생된 단어인데, 동사 contar는 "계산하다. 이야기 하다"의 의미를 갖고 있다.

La cuenta, por favor. 계산서 주세요.
El cuento de la historia de Corea 한국 역사에 관한 이야기

Esquema gramatical

mucho/ muy

mucho는 명사를 강조할 때 명사 앞에서, 동사를 강조할 때는 동사 뒤에 위치한다.
한편, 형용사나 부사를 강조하는 muy는 이들 단어 앞에 위치한다.

Ella es muy guapa. 그녀는 너무 예쁘다.
Juan corre muy rápido. 후안은 빨리 달린다.

Ella come mucho. 그녀는 많이 먹는다.
Tengo muchos libros. 나는 많은 책을 갖고 있다.
Hay muchas cartas en el buzón. 우체통에 많은 편지가 있다.
Llueve mucho. 비가 많이 온다.

tan/ tanto 의 용법

tan은 형용사나 부사 강조를 위해 이들 단어 앞에 위치하며, tanto는 명사나 동사 강조를 위해 사용된다. 명사 강조일 경우에는 mucho 처럼 명사 앞에 위치하지만, 동사 강조일 경우에는 동사 뒤에서 사용된다.

Cristina es tan bonita como Ana. 크리스티나는 아나 만큼 예쁘다.
Tengo tantos libros como el profesor. 나는 교수님 만큼 많은 책을 갖고 있다.
Cristina me ama tanto como a su familia. 크리스티나는 자기 가족만큼 나를 사랑한다.

Expresiones Útiles

Tengo	calor.	나는	덥다.
	frío		춥다
	hambre		배고프다
	sed		목 마르다
	ganas de verte.		너를 보고 싶다
	sueño		졸리다.
	mucho calor.		너무 덥다
	mucha hambre.		너무 배고프다
Me da	la gana de verte.	나는	네가 보고 싶다.
	miedo perderte.	나는	너를 잃을까 봐 두렵다.
	vergüenza no trabajar.	나는	일을 하지 않는 것이 창피하다.
	asco esta comida.	나는	이 음식이 역겹다.

¿Me dice cuánto es todo? 전부 얼마 입니까?
45 euros, por favor. 45유로입니다.
¿45 euros, dos vinos y una tapa? 와인 두병과 타파 하나가 45 유로입니까?
¡Qué caro! No vuelvo aquí. 너무 비싸네요. 다시는 여기 오지 않겠습니다.
En mi país cuesta más o menos igual. 저희 나라에서는 대략 비슷합니다.

CULTURA ESPAÑOLA

스페인 BAR 문화

스페인에서 바는 일상생활에서 아주 일반적이고 중요한 부분을 차지한다. 스페인의 바는 서민들의 사교의 장 역할을 하는 곳으로, 아침의 커피로 시작해서, 점심 식사, 쇼핑이나 산책 도중에는 음료수나 간식, 그리고 저녁에는 지인들과 가볍게 술 한잔을 하며 환담하는 장소이다. 하루 동안에도 다양한 모습을 보여주는 주점, 찻집, 레스토랑으로 마을 사람들이 가볍게 들를 수 있는 장소이다. 이런 바에서는 마을 사람들과 관련된 다양한 소식을 접할 수 있어서 동네 사람들은 늘 하루에 한 두 번씩은 들리는 장소이다. 스페인은 세계에서 가장 많은 바를 소유한 국가이기도 하다.

TEMA 15 호텔에서

35   멜리사 호텔 갑시다.

36   빈 방 있습니까?

37   이 방은 너무 시끄럽습니다.

# VAMOS AL HOTEL MELISA.
멜리사 호텔 갑시다.

🎧 Diálogo

ⓐ Vamos a tomar un taxi. No tengo tiempo.

ⓑ Vale. ¡Taxi!

ⓒ ¿A dónde van, señoras?

ⓐ Vamos al hotel Melisa.

ⓒ Vale.

ⓐ ¿Cuánto tiempo se tarde? No tengo tiempo suficiente.

ⓒ Se tarde más o menos 15 minustos.

ⓐ Muy bien. Vamos deprisa, por favor.

ⓒ Enseguida!

ⓐ 우리 택시 타자. 시간이 없어.

ⓑ 좋아. 택시!

ⓒ 어디로 모실까요?

ⓐ 멜리사 호텔로 갑시다.

ⓒ 알았습니다.

ⓐ 얼마나 걸리죠? 시간이 많지 않아서요.

ⓒ 대략 15분 걸립니다.

ⓐ 좋아요. 서둘러 주세요.

ⓒ 알겠습니다.

Vocabulario

el taxi	택시
tomar un taxi	택시를 타다
no tengo tiempo	나는 시간이 없다
se tarda	시간이 걸리다
deprisa	서둘러서
enseguida	즉시

Vocabulario adicional

el taxista 택시 기사　　**el chófer** 운전사　　**la residencia** 거주지

el hostal 여관　　**la pensión** 하숙집　　**la pensión media** 아침 저녁이 나오는 하숙

la pensión completa 아침 점심 저녁이 나오는 하숙　　**el alojamiento** 숙박

el alojamiento familiar 홈스테이　　**la casa de familia** 홈스테이 집

Esquema gramatical

접속법 1

접속법은 가정의 사실을 나타내는 말 표현법으로, 주로 말하는 사람의 개인적, 주관적인 생각, 기분 등을 나타낸다.

규칙 동사의 접속법 현재 변화형

Hablar			
(yo)	hable	(nosotros/as)	hablemos
(tú)	hables	(vosotros/as)	habléis
(él/ella/usted)	hable	(ellos/ellas/ustedes)	hablen

aprender			
(yo)	aprenda	(nosotros/as)	aprendamos
(tú)	aprendas	(vosotros/as)	aprendáis
(él/ella/usted)	aprenda	(ellos/ellas/ustedes)	aprendan

escribir

(yo)	escriba	(nosotros/as)	escribamos
(tú)	escribas	(vosotros/as)	escribáis
(él/ella/usted)	escriba	(ellos/ellas/ustedes)	escriban

불규칙 동사의 변화형:

ser: sea, seas, sea, seamos, seais, sean

estar: esté, estés, esté, estemos, estéis, estén

dar: dé, des, dé, demos, deis, den

ir: vaya, vayas, vaya, vayamos, vayáis, vayan

Quiero que hables bien español. 나는 네가 스페인어를 잘 말하면 좋겠다

Juan se alegra mucho de que ya estés mejor. 후안은 네가 많이 좋아져서 즐거워한다.

Prefiero que Cristina me llame todos los días. 나는 크리스티나가 매일 매일 나에게 전화하면 좋겠다.

Esperamos que no llueva mañana. 우리는 내일 비가 오지 않았으면 한다.

Los padres quieren que sus hijos tengan éxito. 부모님들은 자신들의 자식이 성공하기를 바란다.

No creo que estas personas sean españolas. 이 사람들이 스페인 사람이라고 나는 믿지 않는다.

Ellos dudan que Cristina sea la chica más guapa de la clase. 그들은 크리스티나가 자기 반에서 제일 예쁘다는 사실을 의심한다.

 **Expresiones Útiles**

¿Cuánto tiempo se tarda ir a la escuela en autobús? 버스로 학교까지 가는데 시간이 얼마나 걸리죠?

ir a pie hasta la estación? 역까지 걸어가는데

Al hotel Cóndor, por favor. 콘도르 호텔 가주세요.

Ya estamos, señor. 다 왔습니다. 선생님.

Muy bien, ¿me cobra? 네, 얼마죠?

18,30 euros. 18.3 유로입니다

Señor, son tres maletas. 선생님 가방이 세 개나 됩니다.

Bueno, vale. Aquí tiene 20 euros y quédese con la vuleta. 좋아요. 여기 20 유로입니다. 잔돈은 가지세요.

CULTURA ESPAÑOLA
스페인의 크리스마스 축제

스페인에서 크리스마스 축제는 스페인 제 1일의 축제일이다. 가톨릭 국가의 명성에 맞게 다양한 축제 행사가 준비된다. 12월이 되면 각 시는 거리 전역을 아름다운 전등으로 장식해서 축제를 준비한다. 그리고 12월 24일에는 동네마다 가장 행렬을 준비하여 도시를 누비면서 마을 사람들과 축제의 분위기를 맘껏 누린다. 이날 밤에는 스페인 사람들은 가게 문도 일찍 닫고 집에서 헤어졌던 가족들과 함께 조용한 분위기 속에서 식사를 하고 자정에 미사에 참석한다.

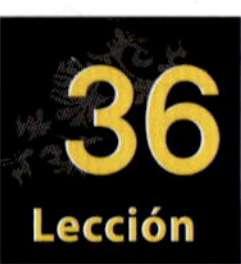

¿HAY UNA HABITACIÓN LIBRE?
빈 방 있습니까?

Diálogo

ⓐ Hola, ¿hay una habitación libre?

ⓑ Sí. ¿Qué tipo de habitación quiere usted, una individual o una doble?

ⓐ Quiero una habitación individual. ¿Cuánto es?

ⓑ Son 60 euros al día, incluido el desayuno.

ⓐ ¿Hay un baño en la habitación?

ⓑ Claro, hay uno muy limpio.

ⓐ Bueno, deme una, por favor.

ⓑ ¿Para cuántos días?

ⓐ Sólo una noche.

ⓑ De acuerdo, la habitación número 505. Aquí tiene la llave.

ⓐ Gracias.

ⓑ De nada, señora. Buenas noches.

ⓐ 빈 방 있나요?

ⓑ 네, 어떤 방을 원하나요? 싱글, 아님 더블?

ⓐ 싱글 룸을 원합니다. 얼마죠?

ⓑ 아침 포함해서 하루에 60유로입니다.

ⓐ 방에는 욕실이 있나요?

ⓑ 물론이죠. 아주 깨끗한 욕실이 있습니다.

ⓐ 좋아요, 하나 주세요.

ⓑ 며칠 묵을 건가요?

ⓐ 하루 밤만 입니다.

ⓑ 알겠습니다. 505호입니다. 여기 열쇠 있습니다.

ⓐ 감사합니다.

ⓑ 천만에요. 좋은 밤 되십시오.

Vocabulario

libre	비어 있는, 자유로운	el desayuno	아침 식사
habitación individual	싱글 룸	limpio	깨끗한
habitación doble	더블 룸	de acuerdo	알겠습니다.
al día	하루에	la llave	열쇠

Vocabulario adicional

la cama individual 일인용 침대　**la cama matrimonial** 2인용 침대

la cama extra 보조 침대　**la vagón-cama** 기차 침대 칸　**la maleta** 트렁크

botones 벨 보이　**el equipaje** 수하물　**el portero** 수위

la cartera 서류가방　**el bolso** 핸드백

Esquema gramatical

명령형 2

불규칙 동사들의 명령형 변화형:

	dar	decir	tener	hacer	salir
tú	da	di	ten	haz	sal
usted	dé	diga	tenga	haga	salga
vosotros	dad	decid	tened	haced	salid
ustedes	den	digan	tengan	hagan	salgan

Sal de aquí. 여기에서 나가.

Decid la verdad. 너희들 진실을 말해.

Ten cuidado. 조심하세요.

Haz el ejercicio. 운동 해.

명령형에서 목적대명사, 재귀대명사는 긍정 명령일 경우 동사 뒤에 붙여서 사용한다.

Dime. 나에게 말해

Deme agua, por favor. 물 좀 주세요

Dámelo. 나에게 그것을 줘.

Hazlo. 그것을 해

Expresiones Útiles

Tenemos que preparar la comida **al día.** 우리는 매일   음식을 준비해야만 합니다.
a la semana. 매주마다
al mes. 매달마다
al año. 매해마다

Está prohibido fumar aquí. 여기에서는 흡연이 금지되어 있습니다

Se prohibe fumar aquí. 여기에서는 흡연이 금지되어 있습니다

Estoy de acuerdo. 당신 의견에 동의합니다.

Usted tiene razón. 당신 말이 옳습니다.

Es verdad. 사실입니다.

Es cierto. 확실합니다.

No estoy de acuerdo. 당신 의견에 동의하지 않습니다.

Usted no tiene razón. 당신 말이 틀렸습니다.

No es vedad. 사실이 아닙니다.

No es cierto. 그렇지 않습니다.

CULTURA ESPAÑOLA
스페인의 새해맞이

새해를 맞이하는 스페인 사람들의 모습은 늘 활기차고 즐거움에 넘친다. 그들은 12월 31일 밤에 포도 한 송이와 샴페인을 준비해서 새해를 맞이한다. 이날 밤에는 마드리드 솔 광장의 시계탑 종소리에서 나는 12번의 타종 소리가 스페인 전역에 텔레비전으로 중계된다. 스페인 사람들은 이 12번의 종소리가 울릴 때 마다 포도 한 알씩 12알을 먹고 샴페인을 마시면서 새해 소원을 비는 풍습이 있다. 포도를 잘 먹으면 이 소원이 잘 이루어진다고 믿고 있다. 그리고 새해가 되면 많은 사람들이 거리로 몰려나와 환호하면서 밤새도록 술 마시고 춤을 춘다.

 37 Lección
ESTA HABITACIÓN ES MUY RUIDOSA.
이 방은 너무 시끄럽습니다.

🎧 Diálogo

ⓐ Buenas noches, quiero cambiar la habitación.

ⓑ ¿Por qué, señora?

ⓐ Esta habitación da a la calle, y por lo tanto, es muy ruidosa.

ⓑ Claro, hoy es un día festivo.

ⓐ Deme otra habitación, por favor.

ⓑ De acuerdo, le doy otra.

ⓐ 안녕하세요. 방을 바꾸고 싶습니다.

ⓑ 왜 그러시죠, 부인?

ⓐ 이 방은 거리로 향해있어서 너무 시끄럽습니다.

ⓑ 오늘이 축제일이라 당연합니다.

ⓐ 다른 방 주세요.

ⓑ 알겠습니다. 다른 방 드리겠습니다.

Vocabulario

cambiar	바꾸다
da a	–로 향해 있다
por lo tanto	그래서
ruidoso	시끄러운
día festivo	축제일
otro, a	다른

Vocabulario adicional

la calle 거리　**la avenida** 도로　**el paseo** 도로　**la carretera** 자동차 전용도로

la autopista 고속도로　**la plaza** 광장　**el camino** 거리　**el carril** 차선

la acera 인도　**el pavimento** 도로 포장　**el callejón sin salida** 막다른 골목

la entrada 입구　**la salida** 출구

Esquema gramatical

현재분사 Gerundio

현재 분사형은 문장에서 다른 동사와 결합하여 사용되기도 하고, 단독으로 문장을 대신해서 사용 되기도 한다.

1. 형태

-ar → -ando	hablar → hablando
-er → -iendo	comer → comiendo
-ir → -iendo	vivir → viviendo

2. 용법

a. 'estar + 현재분사" 로 현재 진행형을 표현한다.

¿Qué estás haciendo? 너 머하고 있어?

Estoy escribiendo cartas a mis amigos. 친구들에게 편지 쓰고 있어.

Ahora Ana está viendo la tele. 지금 아나는 텔레비전을 보고 있다.

b. 동사의 행위가 동시에 이루어 질 때 진행형을 사용한다.

La chica viene cantando. 여자 아이가 노래하면서 오고 있다

Ando comiendo pan. 나는 빵을 먹으면서 걸어간다

Cristina escucha música caminando la calle. 크리스티나는 거리를 걸어가면서 음악을 듣는다.

c. 다른 동사와 함께 진행의 의미를 표현한다.

Va anocheciendo. 날이 어두워지고 있다.

Sigue lloviendo. 계속 비가 오고 있다

Cristina continúa estudiando. 크리스티나는 계속 공부를 한다.

Expresiones Útiles

¿Puedes   ir al cine el sábado por la noche?

토요일 저녁에 영화관 갈 수 있어?

jugar al tenis el domingo por la mañana?

일요일 아침에 테니스 칠 수 있어?

comprar el regalo de Anabel el viernes por la mañana?

금요일 아침에 아나벨 선물 살수 있어?

visitar a tus abuelos el viernes por la noche?

금요일 저녁에 조부모님 찾아뵐 수 있어?

ir al Museo del Prado el sábado por la mañana?

토요일 아침에 프라도 미술관 갈 수 있어?

-Sí, claro. 그래, 좋아.

Sí, de acuerdo. 그래, 알았어

Vale. 알았어.

-Lo siento. No puedo. 미안해. 안돼.

¿Qué vas a hacer esta noche? 오늘 저녁에 머 할거야?

-Voy a ir a la fiesta de María. 마리아 파티에 갈 거야.

¿Qué vas a hacer con el contrato? 너 계약 서류 어떻게 할거야?

-Pienso firmarlo, aunque no estoy totalmente de acuerdo. 서명할 거야. 하지만 아직 완전히 동의 하지는 않았어

¿Qué vas a hacer el próximo verano? 이번 여름에 무엇을 할거야?

-Estoy pensado en alquilar un barco y navegar por el Mediterráneo.. 배를 한 척 빌려서 지중해를 항해할 까 생각 중이야.

CULTURA ESPAÑOLA
스페인 음식의 특징

대식가와 미식가가 많은 스페인에는 지역마다 역사적, 지리적 환경이 달라 음식 역시 향토적인 특색이 강하다. 스페인 음식의 특징은 한마디로 다양성이다. 과거 스페인을 지배한 로마, 이슬람, 유대인 등의 영향을 받아 재료, 조리 방법, 문화 등이 다른 갖가지 음식을 맛볼 수 있다. 스페인 음식에 없어서는 안될 기본 재료인 마늘과 올리브는 고대 로마인들에게서 전수 받았으며, 다양한 향신료와 오렌지, 레몬 등은 이슬람을 통해 전해졌다 15세기 신대륙 발견과 동시에 아메리카에서 감자, 토마토, 고추, 옥수수, 카카오 등이 들어와 스페인뿐만 아니라 유럽 대륙 전역에 보급되었다. 스페인 음식은 육류, 해산물들을 이용한 음식이 많고 올리브유, 마늘, 고추 등을 많이 사용해 우리 입에도 잘 맞는 편이다. 대표적인 요리로는 새끼돼지 통구이 꼬치니요 아사도 Cochinillo asado, 스페인식 철판 볶음밥 빠에야 Paella, 송아지 커틀릿, 차가운 스프인 가스파쵸 Gaspacho, 특히 아침 식사로 즐겨먹는 churros con chocolate가 있는데 이는 츄러스를 초콜렛에 찍어 먹는 것으로 스페인 사람들이 애용하는 음식이다.

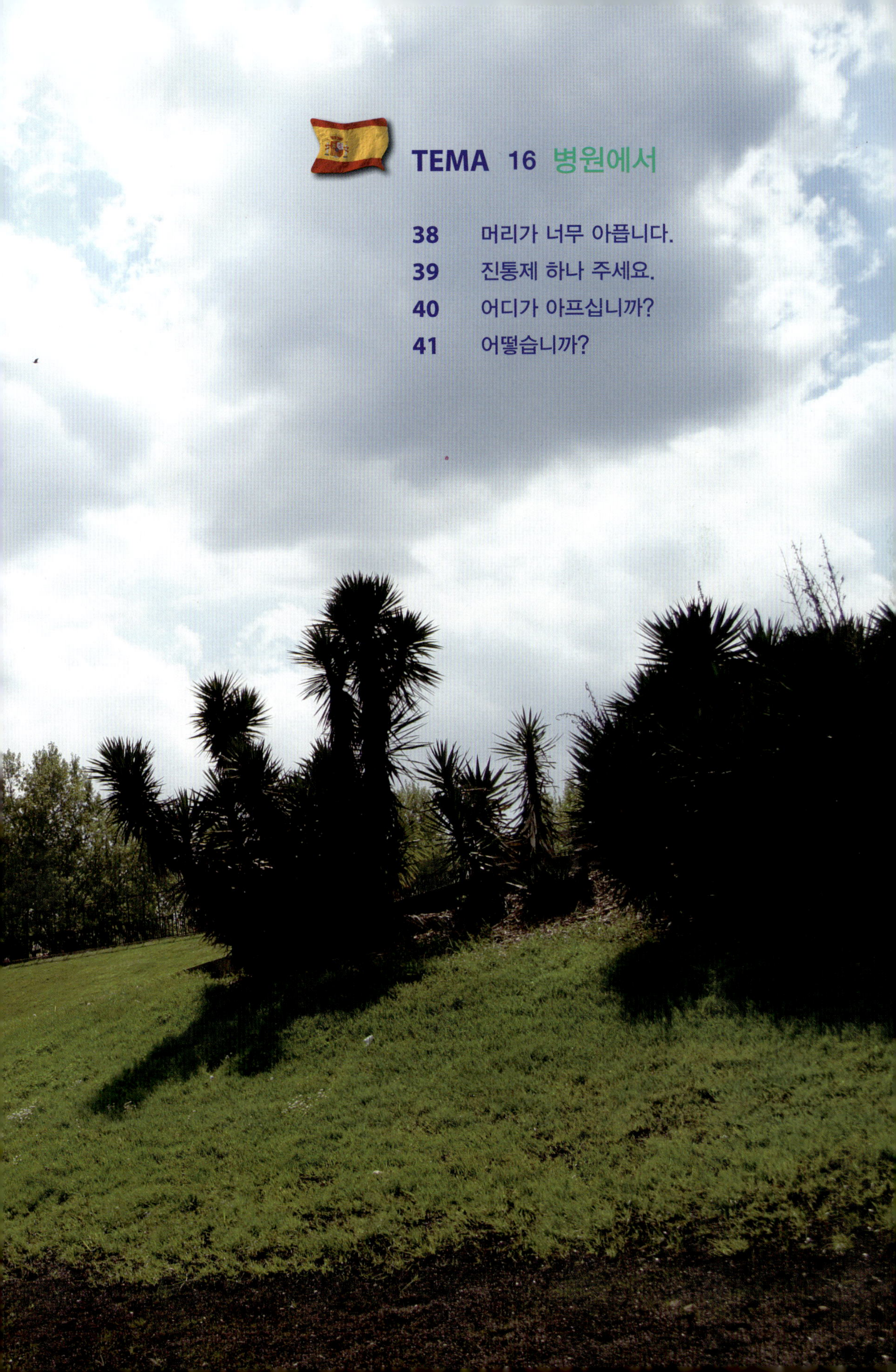

38   머리가 너무 아픕니다.

39   진통제 하나 주세요.

40   어디가 아프십니까?

41   어떻습니까?

38 Lección

TENGO MUCHO DOLOR DE CABEZA.
머리가 너무 아픕니다.

Diálogo

ⓐ Hoy ha sido un día terrible.
He trabajado mucho y no he descansado nada.

ⓑ ¡Pobresito!

ⓐ Ahora, tengo mucho dolor de cabeza.

ⓑ Claro, tienes que descansar un poco y tomar un calmante.
Si no se calma el dolor, deberías ir al médico.

ⓐ Gracias. Seguiré tu consejo.

ⓑ Nada, eres mi mejor amigo.

ⓐ 오늘은 끔찍한 날이었어. 일을 너무 많이 했고 그래서 쉴 수가 없었어.

ⓑ 안됐구나!

ⓐ 지금 머리가 너무 아파.

ⓑ 당연하지. 너는 휴식을 좀 취해야 돼. 그리고 진통제 좀 먹어.
고통이 가라앉지 않으면 의사에게 가봐.

ⓐ 고마워. 네 충고 들을게.

ⓑ 천만에. 너는 나의 절친야.

Vocabulario

el dolor	고통
la cabeza	머리
pobresito	불쌍한 사람 (**pobre**의 축소사)
un calmante	진통제
se calma	진정되다
deberías	동사 **deber**의 가정형 2인칭 단수형
el médico	의사
seguiré	동사 **seguir** (계속하다)의 미래 시제 1인칭 단수형
el consejo	충고
el mejor amigo	제일 좋은 친구

Vocabulario adicional

el doctor, la doctora 의사   **la enfermedad** 질병   **el resfriado** 감기   **la gripe** 독감
la tos 기침   **la fiebre** 열   **la alta fiebre** 고열

Esquema gramatical

현재 완료 시제 (Pretérito perfecto)

1. 형태

현재 완료 시제는 haber 동사의 현재형과 과거 분사로 구성된다.

he	
has	
ha	
hemos	+ hablado/ comido/ vivido
habéis	
han	

2. 용법

과거에 동작, 행위가 완료된 상태를 나타낸다.

He comprado un coche. 나는 차를 한대 샀다.

Ya hemos comido. 이미 우리는 식사를 끝냈다

He llamado a Ana por teléfono esta tarde. 오늘 오후 나는 아나에게 전화 걸었다.

Hoy no han venido a clase. 오늘 그들은 수업에 오지 않았다.

El tren ya ha partido. 기차가 이미 떠났다.

Este verano ha llovido mucho en Corea. 이번 여름에 한국에서는 비가 많이 왔다.

Cristina todavía no ha llegado a casa. 크리스티나는 아직 집에 도착하지 않았다.

No he estado nunca en México. 나는 멕시코에 가본 적이 없다.

Jamás he visto a una chica tan guapa. 나는 그렇게 예쁜 여자 아이를 결코 본적이 없다.

 ## Expresiones Útiles

Tengo dolor de cabeza.	나는 머리가 아픕니다.
espalda	등이
pierna	다리가
garganta	목이
brazo	팔이
muñeca	손목이
oreja	귀가
hombro	어깨가
rodilla	무릎이
Me duele (mucho) la cabeza	나는 머리가 아프다.
la espalda	등이
la pierna	다리가
Me duelen las manos.	나는 손이 아프다
los pies.	발이
las orejas.	귀가
la lengua y la garganta.	혀와 목이

CULTURA ESPAÑOLA
스페인의 대표 서민 음식 토르티야 tortilla española 만들기 (6인용)

준비물: 계란 8개, 얇게 썬 감자 750g, 올리브유 1컵 (커피잔 기준), 소금

프라이 펜에 올리브유를 두르고 뜨겁게 달군 다음 감자를 넣고 소금 간을 한다.감자가 부드럽게 될 때까지 약 40분간 약한 불로 익힌다. 프라이 펜의 기름을 제거한다. 그릇에 계란을 잘 풀어, 소금 간을 한 다음 감자를 넣고 잘 절어준다. 프라이 펜에 올리브유 한 스푼을 넣고 뜨겁게 달군다. 계란과 감자 섞은 것을 프라이 펜에 넣고 5분 정도 익힌 다음 뒤집어서 5분을 더 익힌다. 접시에 잘 익은 요리를 놓고 4등분하여 먹는다.

39
Lección

DEME UN CALMANTE.
진통제 하나 주세요.

🎧 Diálogo

[a] Deme un calmante.

[b] ¿Tiene usted receta médica?

[a] Aquí la tiene, señora.

[b] ¿Para qué? ¿Dónde le duele?

[a] Tengo un dolor horrible de cabeza.

[b] Tome aspirina. Le va a quitar el dolor de cabeza.

[a] Vale. Deme una, por favor.

[a] 진통제 하나 주세요.

[b] 의사 처방전이 있나요?

[a] 여기 있습니다. 부인.

[b] 왜 그러시죠? 어디가 아픈가요?

[a] 머리가 너무 아픕니다

[b] 아스피린 드세요. 두통을 없애줄 겁니다.

[a] 알겠습니다. 하나 주세요.

Vocabulario

el calmante	진통제
Para qué	무엇을 위해서?
la receta médica	의사 처방전
duele	동사 **doler** (아프다)의 3인칭 단수형
horrible	끔찍한
Tome	동사 **Tomar**의 3인칭 단수 명령형
la aspirina	아스피린
quitar	제거하다
el dolor	고통
la cabeza	머리

Vocabulario adicional

la prescripción médica 의사 처방전 **los dientes** 이
la muela 어금니 **la lengua** 혀 **la garganta** 목
el postizo 의치 **la caries** 충치 **el tratamiento médico** 의사치료

Esquema gramatical

접속법 2

명사를 수식하는 형용사 절에서도 접속법 표현이 나타날 수 있다. 이 경우 형용사 절이 수식하는 명사의 의미 차이에 따라, 직설법 혹은 접속법 표현이 결정된다. 명사의 의미가 존재하거나, 경험된 대상을 지칭하면 직설법이지만, 그렇지 않으면 접속법 표현을 사용해야 한다:

¿Hay alguien que pueda hacerlo? 그것을 할 수 있는 사람이 있습니까?
Busco una secretaria que hable español. 나는 스페인어를 말하는 비서를 찾고 있다.

Voy a hacer lo que me digas. 네가 나에게 말하는 것을 할 것이다.
Quiero vivir en una casa que tenga piscina 나는 수영장이 있는 집에서 살고 싶다.

Ella vive en una casa que tiene piscina. 그녀는 수영장이 있는 집에서 살고 있다.
Hay una chica que habla español y portugés.
스페인어와 포르투갈어를 말하는 소녀가 있다.
En este barrio hay un restaurante que sirve comida coreana.
이 동네에는 한국 음식이 나오는 식당이 있다.
Voy a hacer lo que me dices. 네가 나에게 말하는 그것을 할 것이다.

Expresiones Útiles

¿Para qué lo necesitas?　　　　　　　　너는 무엇 때문에 그것이 필요한데?

vas al cine?　　　　　　　　　　　영화관에 가는데?

preparas este documento?　　　이 서류를 준비하는데?

compras este bolso?　　　　　이 가방을 사는데?

sirve esta objeto?　　　　　이 물건은 무엇에 쓰입니까?

¿Qué te duele? 어디가 아프십니까?

¿Cómo te encuentras? 어떠세요?

No me encuentro bien. 제가 몸이 좀 좋지 않습니다.

Tome asiento y dígame qué le pasa. 앉으십시오, 그리고 무슨 일인지 말씀해주세요.

Tengo dolor de estómago sobre todo después de comer.
배가 아픈데 특히 식사 후에 아픕니다.

¿Es algo grave? 심각한가요?

No es nada grave. 전혀 심각하지 않습니다.

Usted tiene agotamiento físico. 육체적으로 지쳐있습니다.

Usted trabaja demasiado. No trabaje tanto
당신은 일을 너무 많이 합니다. 일을 너무 많이 하지 마십시오.

CULTURA ESPAÑOLA

플라멩코flamenco

플라멩고는 춤, 기타, 노래로 구성된 종합 예술로 이베리아 반도의 다양한 문화의 결과로 나타난 예술 작품이다. 플라멩코는 방랑 생활을 하던 집시들이 15세기 안달루시아 지방에 정착하면서 생겨난 춤이라고 하지만 정확한 유래는 알려져 있지 않다.. 스페인 남부 안달루시아 지역을 점령했던 무어족은 아랍 음악의 흔적을 안달루시아에 남겨 놓았고 15세기 중엽에 몽고족에게 쫓겨온 집시들이 이곳에 정착하면서 플라멩코에 절대적인 영향을 주었다. 집시들은 인도 기원의 예술적 요소를 갖고 왔고 그들의 타고난 방랑 문화와 음악적 재능은 플라멩코 음악, 춤을 형성하는데 결정적으로 작용했다. 화려하며 즉흥적이고 기교적 성향의 집시 음악과 무어족의 문화, 유대, 가톨릭문화 및 토착 음악과 결합하면서 수백 년에 걸쳐 안달루시아의 지방 음악으로 정착하였고, 스페인의 대표 민속음악이 되었다.

40 Lección ¿DÓNDE LE DUELE?
어디가 아프십니까?

🎧 Diálogo

ⓐ ¿Dónde le duele?

ⓑ Tengo dolor de estómago.

ⓐ Pues, Estas son las pastillas que debe tomar.

ⓑ ¿Cuántas al día, doctora?

ⓐ Dos por la mañana, después del desayuno
y dos por la noche, después de la cena.

ⓑ ¿Durante cuánto tiempo?

ⓐ Durante dos semanas y tiene que dejar de fumar.

ⓑ Ya... Ya lo sé.

ⓐ 어디가 아프시죠?

ⓑ 배가 아픕니다.

ⓐ 이 알약을 드세요.

ⓑ 하루에 몇 알 먹나요, 의사 선생님?

ⓐ 아침에 식후에 두 알, 저녁 식사 후 두 알 드세요.

ⓑ 얼마 동안 먹어야 되나요?

ⓐ 이 주일 동안 드세요. 그리고 금연해야 합니다.

ⓑ 네, 잘 알고 있습니다.

Vocabulario

el estómago	위
la pastilla	알약
debe	–해야만 한다
que	관계대명사
durante	–동안
dejar de	–를 그만두다.
fumar	담배 피우다

Vocabulario adicional

la clínica 병원 (종합 병원)　**el hospital** 병원　**la sanidad pública** 보건소
la odontología 치과 병원　**el dentista, el odontólogo** 치과 의사　**el internista**
내과 의사　**la cirugía** 외과　**el cirujano** 외과 의사　**la cirugía plástica** 성형 외과
la ginecología 산부인과

Esquema gramatical

부정 명령형

부정 명령형의 동사 변화형은 접속법 동사 형을 사용하며 목적 대명사가 함께 올 경우에는 동사 앞에 위치 시킨다.

1. 규칙 동사 변화형

	hablar	comer	vivir
Tú	No hables	No comas	No vivas
Usted	No hable	No coma	No viva
Vosotros	No habléis	No comáis	No viváis
Ustedes	No hablen	No coman	No vivan

2. 불규칙 동사의 변화 형

	salir	tener	decir	Hacer
Tú	No salgas	No tengas	No digas	No hagas
Usted	No salga	No tenga	No diga	No haga
Vosotros	No salgáis	No tengáis	No digáis	No hagáis
Ustedes	No salgan	No tengan	No digan	No hagan

No bebas más.더 이상 술 마시지 마

No fuméis aquí. 너희들 여기에서 담배 피우지 마.

No te levantes tarde. 늦게 일어나지 마

No lo tomes. 그거 먹지마

No salgas de casa. 외출하지마

No me lo diga. 나에게 그것을 말하지 마세요

No lo hagáis. 너희들 그거 하지마

No se lo digáis. 너희들 그에게 그것을 말하지 마

Expresiones Útiles

¿Durante cuánto tiempo

tengo que aguantarlo? 내가 얼마 동안	그것을 참아야 합니까?
tengo que esperarla?	그녀를 기다려야 합니까?
tengo que preparar la tesis?	논문을 준비해야 합니까?

Súbase la manga de la camisa.	와이셔츠의 소매를 올리세요.
Deme la mano derecha.	오른 손을 제에게 주세요.
Quítese la camisa.	와이셔츠를 벗으세요.
Respire profundamente.	깊이 숨을 들이 마시세요.
No se ponga nervioso.	긴장하지 마세요.
Relájese.	편안히 하세요.
Lleve una vida tranquila y descanse.	편안한 생활을 하시고 쉬십시오.
No tome grasas ni comidas fuertes.	기름진 음식, 짜고 매운 음식 먹지 마세요.
Voy a recetar unas pastillas.	알약을 처방해 드리겠습니다.
Venga por aquí la semana próxima.	다음 주에 여기로 오세요.

CULTURA ESPAÑOLA
카탈루냐 춤 사르다나 La Sardana

스페인은 지역마다 문화가 다르고 그 지역 사람들은 자신들의 문화을 유지하고 즐기는 특징이 있다. 특히, 지역색이 강한 카탈루냐 주에서는 다른 주에서 보기 힘든 그런 문화가 발달되어 있는데 그 중 하나가 민속춤 사르다나이다. 대부분의 스페인에서는 그들의 민속춤으로 플라멩코를 즐기지만 이 지역 사람들은 이를 거부하고 있다. 토요일 저녁과 일요일 오후가 되면 카탈루냐 지방의 큰 성당 앞이나 광장에서는 둥근 원을 그리고 서로 손을 잡고 춤을 추는 카탈루냐 사람들을 쉽게 볼 수 있다. 이 춤은 카탈루냐 사람들이 서로 민족의 단결을 확인할 목적으로 추는 일종의 의식과 같은 것이다. 프랑코 독재 정권 하에 탄압받던 시대에도 민족 단결의 상징으로 춤추는 것을 멈추지 않았다고 한다. 계속 이어지는 침략과 억압을 견뎌내고, 게다가 그에 대한 반항 정신을 잊지 않던 카탈루냐 사람들의 의지가 이 춤에 반영되어 있는 것이다.

41 ¿CÓMO VA TODO?

Lección

어떻습니까?

🎧 Diálogo

ⓐ Buenos días, ¿Cómo va todo?

ⓑ Mucho mejor, doctora.
El régimen es estupendo, peso tres kilos menos.

ⓐ Bien, siga con el régimen, pero ahora debe empezar a hacer deporte.
Puede hacer footing dos veces por semana.

ⓑ De acuerdo, doctora. Una cosa más...
¿Puede recetarme algunas vitaminas?
La verdad es que últimamente me encuentro algo débil.

ⓐ Sí. Debe tomar dos pastillas por la mañana y dos por la noche.

ⓐ 안녕하세요, 좀 어떻습니까?

ⓑ 아주 좋아졌습니다, 의사 선생님.
처방이 아주 좋아서 3킬로가 빠졌습니다...

ⓐ 좋습니다. 계속 처방대로 하세요, 그리고, 운동을 시작해야 합니다.
일주일에 두 번 조깅을 하세요.

ⓑ 알겠습니다, 선생님. 한가지 더.
비타민 좀 처방해주시겠습니까? 사실 요즘 몸이 약해져서요.

ⓐ 네. 아침 저녁으로 두 알씩 드십시오.

Vocabulario

cómo va	어떻게 지내요?
mejor	더 좋은
el régimen	처방
estupendo	훌륭한
peso	동사 **pesar**(무게가 나가다)의 1인칭 단수형
empezar a	～하기 시작하다
hacer footing	조깅하다.
dos veces	두 번
recetar	처방하다
vitamina	비타민
últimamente	최근에
débil	약한
encontrarse	—상태에 있다.

Vocabulario adicional

la anemia 빈혈　**la náusea** 구역질　**el vértigo** 현기증
el desmayo 실신　**el vómito** 구토　**la intoxicación** 중독　**el cáncer** 암
la herida 상처　**la cicatriz** 흉터　**la hipertensión** 고혈압
la diárrea 설사　**la epidemia** 전염병　**el ataque cardiaco** 심장마비

Esquema gramatical

동사구 표현 (Perífrasis verbales)

스페인어에는 두 개의 동사가 하나의 동사처럼 사용되는 다양한 표현법이 있다.

deber ～해야만 한다. (충고)	poder ～할 수 있다.
desear ～하고 싶다	querer ～하고 싶다.
hay que ～해야만 한다.	tratar de ～하려고 노력하다.
ir a ～할 것이다.	empezar a ～하기 시작하다.

tener que + 동사원형 ～해야만 한다

acabar de 방금 ～했다

necesitar ～할 필요가 있다.

pensar ～할 예정이다.

comenzar a ～하기 시작하다.

ponerse a ～하기 시작하다.

volver a 다시 ～하다.

Debes ir al médico. 의사에게 가봐

Deseo estar con Cristina toda la vida. 나는 일생 내내 크리스티나와 함께 있고 싶다.

Acabo de llegar al trabajo. 나는 방금 직장에 도착했다.

Necesitas descansar para mañana. 너는 내일까지 쉬어야 한다.

Tratamos de explicar esta situación fácilmente.
우리는 이 상황을 쉽게 설명하려고 한다.

Ahora empieza a llover. 지금 비가 오기 시작한다.

Esta chica vuelve a bailar. 이 여자 아이가 다시 춤을 춘다.

 **Expresiones Útiles**

deber

A María le duele la cabeza.

-Debe tomar una aspirina.

Miguel tiene fiebre

-No debe levantarse.

El semáforo está rojo.

-No deben cruzar la calle.

마리아는 머리가 아픕니다.

–아스피린을 먹어야 한다. (충고)

미겔은 열이 있습니다.

–일어나서는 안됩니다.

신호등이 빨간 색입니다.

–거리를 횡단해서는 안됩니다.

tener que

María ha perdido su pasaporte.

-Tiene que hacer otro.

Perdone, ¿qué tengo que hacer para matrícularme?

마리아는 여권을 분실했다.

–다른 것을 만들어야 한다.

미안하지만 등록하려면 무엇을 해야만 하나요?

-Tienes que rellenar el impreso de matrícula y tienes que pagar en el banco.
–등록 서류를 작성하고 은행에 돈을 입금해야 합니다.

hay que

Hay que vivir respetando a los demás.

Para estar sano hay que practicar deporte.

타인을 존경하면서 살아야 한다.

건강 하려면 운동을 해야 한다.

CULTURA ESPAÑOLA

복권 문화

세계에서 가장 오래된 역사를 자랑하는 스페인의 복권은 스페인 사람들의 낙천적인 기질과 잘 결부되어 남녀노소 누구나 다 즐기는 그들의 독특한 문화이다. 복권의 종류도 다양하여 매일 복권 추첨이 이루어지고 있으며 거리를 지나다 보면 곳곳에 복권 판매소가 있어 쉽게 접할 수가 있다. 특히, 크리스마스에 맞춰 발행되는 크리스마스 복권은 엘 고르도 El Gordo라고 불리는데 그 이유는 세계에서 가장 큰 상금 규모를 자랑하는 복권이기 때문이다. (총 상금 액수 대략 3조원) 추첨일인 12월 22일 아침에는 스페인 모든 국민들이 귀와 눈을 텔레비전과 라디오에 집중하고 행운이 자신들에게 오기를 기원하는 모습을 볼 수 있다.

TEMA 17 과거표현

42   주말에 뭐했어?

43   시험 어땠어?

44   방금 전에 마드리드에 도착했습니다.

45   너는 어렸을 때 어디에 살았었는데?

46   언제가 마지막이었는데?

47   나 오늘 아침에 지하철을 놓쳤어.

48   지난 주 어디를 여행했는데?

42
Lección

¿QUÉ HICISTE EL FIN DE SEMANA?
주말에 뭐했어?

🎧 Diálogo

ⓐ Hola, Juan. ¿Qué hiciste el fin de semana?

ⓑ Fui a mi pueblo natal y visité a mis padres.
Y también tomé una copa con mis viejos amigos que
viven allí.

ⓐ Pasaste unos días fantásticos.
Es que yo me quedo en casa todo el fin de semana
sólo viendo la televisión.

ⓑ ¡Qué pena! Tienes que animarte mucho.

ⓐ Ya lo sé.

ⓐ 안녕, 후안. 너 주말에 뭐했어?

ⓑ 고향에 가서 부모님을 찾아 뵈었어.
그리고 거기에 살고 있는 옛 친구들과 한잔 했고.

ⓐ 아주 좋은 시간을 보냈구나.
사실 나는 주말 내내 텔레비전 보면서 집에 있었어.

ⓑ 안됐구나. 좀 기운을 내!

ⓐ 알고 있어.

Vocabulario

hiciste	동사 **hacer**의 단순과거 시제 2인칭 단수형	pasaste	동사 **pasar**의 단순과거 시제 2인칭 단수형
el fin de semanae	주말	fantástico	환상적인
fui	동사 **ir**의 단순과거 시제 2인칭 단수형	me quedo	남아있다.
		la televisión	텔레비전 (보통 축약어로 **la tele**라고 한다)
el pueblo natal	고향		
visitar	방문하다	animarse	기운 내다
los viejos amigos	오래된 친구		

✍ Vocabulario adicional

la playa 해변　**la montaña** 산　**la costa** 해안가

la isla 섬　**el valle** 계곡　**ir de excursión** 여행가다　**el crucero** 크루즈 선박

montar a caballo 말을 타다　**montar en bicicleta** 자전거 타다.

Esquema gramatical

✍ 단순과거 (Pretérito indefinido)

1. 규칙 동사의 변화형

hablar			
(yo)	habl**é**	(nosotros/as)	habl**amos**
(tú)	habl**aste**	(vosotros/as)	habl**asteis**
(él/ella /usted)	habl**ó**	(ellos/ellas/ustedes)	habl**aron**

comer			
(yo)	com**í**	(nosotros/as)	com**imos**
(tú)	com**iste**	(vosotros/as)	com**isteis**
(él/ella /usted)	com**ió**	(ellos/ellas/ustedes)	com**ieron**

<table>
<tr><td colspan="4">vivir</td></tr>
<tr><td>(yo)</td><td>viví</td><td>(nosotros/as)</td><td>vivimos</td></tr>
<tr><td>(tú)</td><td>viviste</td><td>(vosotros/as)</td><td>vivisteis</td></tr>
<tr><td>(él/ella/usted)</td><td>vivió</td><td>(ellos/ellas/ustedes)</td><td>vivieron</td></tr>
</table>

2. 용법

동작, 혹은 상태가 과거의 어느 한 순간에 완료된 것을 표현할 때 사용된다.

¿Cuándo nació Cristina? 크리스티나는 언제 태어났나요?

Nació el 29 de abril de 1985. 1985년 4월 29일 입니다.

La llamé hace una hora. 나는 한 시간 전에 그녀에게 전화했댜.

Cristóbal Colón descubrió América en 1492.

콜럼버스는 1492년에 아메리카를 발견했다.

Viví en España desde 1987 hasta 1994.

나는 1987년부터 1994년까지 스페인에서 살았다.

Expresiones Útiles

¿Dónde estuvo ayer?	당신은 어제 어디에 있었습니까?
-Estuve en casa de una amiga.	−나는 친구 집에 있었습니다.
¿Qué hizo Cristina el jueves por la tarde?	목요일 오후에 크리스티나는 무엇을 했나요?
-El jueves por la tarde hizo la compra.	−목요일 오후에 그녀는 쇼핑을 했습니다.
¿Cuándo me llamaste?	언제 나에게 전화했는데?
-Te llamé la semana pasada.	−지난 주에 전화했어.
¿Con quién hablaste?	너는 누구와 얘기했는데?
-Ayer hablé con una amiga.	−어제 나는 친구와 얘기 했어.
¿A quién llevó usted en coche ayer?	당신은 어제 차로 누구를 데리고 갔습니까?
-Yo nunca llevo en coche a nadie.	−나는 결코 아무도 차로 데려가지 않는다.
¿Por dónde entró usted?	당신은 어디로 들어왔습니까?
-Siempre entro por la puerta.	−항상 나는 문으로 들어옵니다.
¿Con quién cenó usted anoche?	당신은 어제 저녁 누구와 저녁식사 했습니까?
-Yo siempre ceno solo.	−나는 항상 혼자 먹습니다.
Ella trabajó en esta empresa durante 3 años.	그녀는 3년 동안 이 회사에서 일했다.
Cristina visitó Alicante en 2011.	크리스티나는 2011년에 알리칸테에 있었다.

CULTURA ESPAÑOLA
세르반테스와 동키호테 Miguel de Cervantes y el Don Quijote

미겔 데 세르반테스 Miguel de Cervantes는 세계에서 성경 다음으로 많이 읽혀지고 있는 명작 돈키호테의 저자이다. 그는 마드리드 근교의 알칼라 데 에나레스 Alcalá de Henares에서 태어났다. 그는 1606년 돈키호테 소설 1부를 마드리드에서 출판하면서 큰 명성을 얻기 시작한다. 이 소설은 세계 각국의 언어로 번역되었고 세계적인 불후의 명작으로 남게 되었다. 10년 후인 1615년, 세르반테스 나이 68세가 되었을 때 돈키호테의 2부가 출간된다. 하지만 이 작품의 성공에도 불구하고 그는 세상을 뜰 때까지 마드리드에서 가난한 생활을 하면서 여러 작품을 집필한다. 세르반테스는 1616년 4월 23일 세인들의 무관심 속에 세상을 떠난다. 같은 날 영국의 대 문호 세익스피어도 세상을 떠난다.

¿QUÉ TAL TE HA SALIDO EL EXAMEN?
시험 어땠어?

Lección 43

Diálogo

- **a** ¿Qué tal te ha salido el examen, Cristina?
- **b** Así, así. He tenido problemas con los ejercicios de verbos.
- **a** Sí, ha sido un poco difícil.
- **b** ¿Un poco? Yo creo que ha sido dificilísimo.
  ¡Oye! ¿Sobre qué has hecho la redacción?
- **a** He comparado el sistema educativo español con el americano.

- **a** 크리스티나, 시험 어땠어?
- **b** 그냥 그랬어. 동사 연습문제가 어려웠어.
- **a** 그래, 조금 어려웠지.
- **b** 조금이라고? 나는 너무 어려웠었는데.
  너 리포트는 무엇에 대해 썼어?
- **a** 나는 스페인과 미국의 교육 제도를 비교했어.

Vocabulario

problemas	문제들	sobre	–에 관한
los ejercicios	연습 문제들	la redacción	리포트
verbos	동사들	el sistema educativo	교육 체계
un poco difícil	약간 어려운	americano	미국의
dificilísimo	아주 어려운		

Vocabulario adicional

excelente 훌륭한 **sobresaliente** 아주 훌륭한 **notable** 좋은 **aprobado** 적당한
suspendido 탈락한 **la nota** 학점 **la calificación** 성적 **la beca** 장학금
la matrícula 등록

Esquema gramatical

현재 완료 시제와 단순과거 시제의 차이

두 시제 모두 동작이 끝난 것을 표현하지만, 현재 완료 시제는 과거의 행위가 현재까지 영향을 미치고 있다는 사실을 표현하고, 단순 과거는 과거의 사실이 과거에 끝난 경우를 나타낸다. 현재완료 시제에는 현재와 관련된 부사 표현 (hoy, esta manana, este verano, estos dias..) 이 함께 사용되고, 단순 과거는 과거의 의미를 갖는 부사 표현 (ayer, anoche, la semana pasada...)등이 함께 사용된다. 하지만 문장에서 이러한 부사 표현이 없이 단지 과거 사실만을 표현할 경우 두 시제를 같이 사용한다.

Ayer trabajé mucho, pero hoy no he hecho nada.
어제 나는 일을 많이 했지만 오늘은 하나도 하지 않았다.
El año pasado viajé por España. 작년에 나는 스페인을 여행했다.
Ya he estado en Sevilla. 이미 나는 세비야 가봤다.
Todavía no he terminado la carrera universitaria.
아직 나는 대학 과정을 끝내지 못했다.
Jamás he conocido a una persona tan guapa como a Cristina.
나는 크리스타나 만큼 예쁜 여자를 안 적이 없다.
He comido mucho esta mañana. 오늘 아침에 나는 밥을 많이 먹었다.

No comí anoche. 어제 저녁 나는 식사를 안 했다.

Siempre te he echado de menos. 항상 나는 너를 그리워 했다.

¿Has estado alguna vez en Chile? 너 칠레에 가본 적 있어?

-No, no he estado nunca. 아니 가본 적이 없어.

¿Has tenido el tiempo de ir al bar, Ana? 아나, 바에 갈 시간 있었어?

-Sí, he estado esta mañana. 그래, 오늘 아침에 갔었어.

¿Has estado alguna vez en Roma? 로마에 가본 적 있어?

-No, no he estado nunca. 아니, 전혀 가본 적이 없어.

-Estuve una vez hace tres años. 3년 전에 한번 가봤어

주의

현재 완료 시제와 단순 과거 시제는 지역에 따라 사용 빈도가 많이 차이가 난다. 스페인의 중부지방에서는 현재 완료 시제를 즐겨 사용하는 경향이 있으나, 멕시코 등 일부 중남미 국가에서는현재 완료 시제를 사용하지 않고 단순 과거 시제로만 과거에 동작이 끝난 사실을 표현하기도 한다.

Esta mañana llegué tarde a clase. 오늘 아침 나는 수업에 지각했다.

Este año llovió mucho. 올해는 비가 많이 왔다.

Expresiones Útiles

Me ha salido bien el resultado/ el examen.　　결과/ 시험결과가 좋았다.

　　　　　　mal　　　　　　　　　　　　　　　　나빴다

　　　　　　excelente　　　　　　　　　　　　훌륭했다

¿Qué te ha pasado? ¿Por qué no has venido a clase hoy?
너 무슨 일 있었어? 왜 오늘 수업에 오지 않았어?

-Es que he estado en el médico. ¿Ha venido la profesora nueva?
–사실 병원에 갔었어. 새로운 여자 교수님 왔어?

¿Por qué has llegado tan tarde? 왜 너 그렇게 늦게 왔는데?

-Lo siento, es que he perdido el autobús. 미안해. 사실 버스를 놓쳤어.

CULTURA ESPAÑOLA
게르니카 그림Guernica

피카소의 걸작 게르니카는 스페인 내전 (1936~1939)의 참상을 보여주는 작품이다. 이 그림은 1937년 파리 만국 박람회에 출품된 작품으로 3.49m x 7.77m 크기의 대작이다. 1936년 스페인에서 내전이 발발하자 스페인 북부 바스크 지역의 한 마을인 게르니카를 히틀러의 독일 비행단이 무차별 폭격을 가하여 파괴시킨다. 이에 피카소는 이 참상을 목격하고 일반 시민의 시각으로 전쟁에 대한 화가 내면의 공포를 화폭에 표현하였다. 피카소는 이 그림을 통해 독일군의 만행을 비판하고, 조국 스페인의 암울한 현실을 세상에 알리고자 했다. 박람회가 끝난 후 게르니카는 스페인이 민주화 됐을 때 돌려받기로 하고 뉴욕 박물관에 기증되었고 피카소 사후 1981년 스페인으로 반환되었다. 이 그림은 지금 마드리드 소피아 왕비 예술 센터에 전시되고 있다.

44
Lección

ACABO DE LLEGAR A MADRID.
방금 전에 마드리드에 도착했습니다.

Diálogo

a Hola! Verá, he llegado esta mañana a Madrid
y necesito información sobre hoteles, pensiones...
bueno, algún sitio donde alojarme durante unos días.

b Aquí tienes un folleto con todos los hoteles de Madrid,
y otro con albergues juveniles.
¿Tienes carné de estudiante?

a Sí, sí, lo tengo.

b Entonces, puedes ir a un albergue juvenil.

a 안녕하세요, 저기... 오늘 아침에 마드리드에 도착했는데요,
호텔이나, 여관에 대한 정보가 필요한데요, 며칠간 묵을 수 있는 좋은 장소가
있으면 알고 싶습니다.

b 여기 마드리드 호텔과 유스호스텔에 관한 책자가 있습니다. 학생증 있나요?

a 네, 있습니다.

b 그러면, 유스호스텔로 가십시오.

Vocabulario

verá	저...
la información	정보
algún sitio	어떤 장소
alojarse	숙박하다.
el folleto	안내 책자
el albergue	숙박
juvenil	젊은이의
el carné / carnet	카드

Vocabulario adicional

la oficina de turismo 관광 안내소 **la oficina de información** 안내소 **el, la turista** 관광객 **el plano** 지도 **el mapa** 지도 **el carné (carnet) de identidad** 신분증 **el carné de conducir** 운전 면허증 **el documento nacional de identidad (DNI)** 주민 등록증 **el carné de socio** 회원 증 **el carné por puntos** 운전자 벌점 카드

Esquema gramatical

접속법 3

부사의 기능을 하는 문장에서도 접속법이 나타날 수 있다. 이 경우 동사의 행위가 아직 실현되지 않고 실현될 가능성이 있거나, 그렇게 추측되는 경우에 접속법을 사용하지만, 그렇지 않으면 직설법을 사용한다.

부사절 내의 행위가 실제 일어난 것이거나 혹은 습관적으로 일어는 것인 경우 직설법이 사용되지만, 아직 일어나지 않은 일을 나타태는 경우 접속법이 사용된다. 이러한 부사절은 의미적 성격에 따라 원인, 결과, 목적, 가정. 시간, 양보 등으로 나뉘어지는데. 일반적으로 원인, 결과의 부사절에는 직설법이 목적, 가정 (si 제외) 등의 부사절에는 접속법이 사용되며, 시간, 양보, 방법, si 가정문에서는 직설법, 접속법이 모두 나타날 수 있다.

Como hace frío, no salimos. 날씨가 춥기 때문에 우리는 나가지 않는다.
Me voy, puesto que no me escuchas. 나 가. 네가 내 말을 듣지 않아서.

Hace frío, por eso no salimos 날씨가 추워서 우리는 나가지 않는다.
Le llamaré para que venga a comer. 식사하러 오라고 그에게 전화했어.
Le contaré la verdad siempre y cuando sea necesario.
필요하다면 그에게 사실을 말할게.
Con tal de que me dejes, lo hago todo por ti.
네가 나를 놓아주는 조건으로 너를 위해 모든 것을 할거야.
Si vienes, puedes verla sin falta. 네가 온다면 틀림없이 그녀를 볼 수 있어.
Lo haremos como usted lo desee. 당신이 원한대로 우리는 그것을 할 것이다.
Se levanta sin que nadie lo ayude. 아무도 그를 도와주지 않고 그는 일어난다.
Llámame antes de que salgas de casa. 외출하기 전에 나에게 전화해.
Vamos a esperarla hasta que venga. 그녀가 올 때까지 우리는 기다릴 거야.
Se lo diré cuando vuelva. 그가 돌아오면 그것을 말할 거야.
Se lo dije cuando volvió. 그가 돌아왔을 때 그것을 말했다.
No lo creo aunque lo vea con mis propios ojos. 내 눈으로 본다 해도 믿지 않아.
No lo creo aunque lo veo con mis propios ojos. 내 눈으로 보지만 믿지 않아.
Dejé el coche donce dijiste. 네가 말한 곳에 차를 놓았어.
Dejaré el coche donde digas. 네가 말한 곳에 차를 놓을 것이다.

Expresiones Útiles

Acabo de recibir un paquete.   나는 방금 소포를 받았다.
　　　　　 llamar a la policía.   경찰을 불렀다.
　　　　　 preparar la cena.   저녁을 준비했다.
　　　　　 pasar la aspiradora.   청소기를 돌렸다.
　　　　　 fregar el suelo.   바닥을 닦았다.

No se puede hablar en voz alta en los hospitales.   병원에서는 큰소리로 말할 수 없습니다.
　　　　　　　 fumar en los centros públicos.   공공 장소에서는 담배 피울 수 없습니다.
　　　　　　　 grabar con cámara de vídeo.   비디오 카메라로 녹화할 수 없습니다.

Se debe apagar el teléfono móvil.   휴대 전화를 꺼야 됩니다.
　　　　　 llevar el perro atado por una corea.   가죽 끈으로 개를 묶어서 데리고 다녀야 합니다.

Se puede pagar con tarjeta de crédito.   신용카드로 지불해도 됩니다.
　　　　　 esquiar cuando hay nieve en las montañas.   산에 눈이 있으면 스키를 탈 수 있습니다.

CULTURA ESPAÑOLA

투우

스페인의 국기인 투우는 풍요를 기원하며 신에게 황소를 바치는 종교 의식에서 유래되었다. 투우는 17세기 말까지는 궁중 오락이었지만 18세기 초부터 일반인도 즐길 수 있는 대중 스포츠로 자리 잡았다. 투우 시즌은 3월의 발렌시아 '불의 축제' Las fallas 를 시작으로 10월의 사라고사 '삘라르 축제 Nuestra señora del Pilar' 까지이며 이 기간 동안 전국의 각지에서 일요일마다 투우가 열린다. 특히 그 마을의 축제 기간 동안에는 일류 투우사가 그 마을에서 경기를 펼친다. 투우 경기의 순서는 총 3장의 드라마로 진행된다. 우선 제 1장은 말을 탄 삐까도르가 긴 창으로 투우의 등을 찔러 상처를 입힌다 제 2장에서는 반데리예로 Banderillero가 화려한 장식을 한 쇠창으로 소의 급소를 찌른다. 제3장에서는 주연 투우사인 마타도르 Matador가 등장하여 물레타를 흔들면서 묘기를 보여주고 마지막에는 긴 칼로 소의 숨통을 끊으면서 경기를 끝낸다. 그리고 마타도르의 경기 내용에 따라 소의 귀, 꼬리가 부상으로 수여된다.

 45 Lección — ¿DÓNDE VIVÍAS CUANDO ERAS NIÑO?
너는 어렸을 때 어디에 살았었는데?

🎧 Diálogo

ⓐ Este fin de semana voy a mi pueblo natal.

ⓑ ¿En serio? ¿Dónde vivías de pequeño?

ⓐ Vivía en un pueblo pesquero.
Era una ciudad muy tranquila y bonita.

ⓑ ¡Ah! Has tenido una niñez con tranquilidad.

ⓐ Mira esta foto. Es la ciudad donde nací.

ⓑ ¡Qué bonita es esta ciudad!

ⓑ Claro.

ⓐ 이번 주말에 나 고향에 갈 거야.

ⓑ 정말? 어렸을 때 어디에서 살았었는데?

ⓐ 작은 어촌에서 살았어. 아주 조용하고 아름다운 마을이야.

ⓑ 아! 너는 아주 조용하게 어린 시절을 보냈구나.

ⓐ 이 사진 좀 봐. 이게 내가 태어난 마을이야.

ⓑ 정말 아름다운 마을이구나.

ⓐ 맞아.

Vocabulario

el pueblo natal	고향	tranquilo, a	조용한
vivías	동사 **vivir**의 불완료	la niñez	어린 시절
	과거 2인칭 단수형	con tranquilidad	조용히
de pequeño	어렸을 때	mira	동사 **mirar**의 2인칭
el pueblo pesquero	어촌		명령형.
pescar	낚시하다.	la foto	사진 (**la fotografía**의 약자)

Vocabulario adicional

el campesino 농부 **el país materna** 조국 **la juventud** 젊은 시절 **con retraso** 연착으로, 늦게 **el entretenimiento** 오락, 여가 **la diversión** 오락 **la distracción** 오락

Esquema gramatical

불완료 과거형 (pretérito imperfecto)

1. 규칙 동사의 변화형

hablar

(yo)	hablaba	(nosotros/as)	hablábamos
(tú)	hablabas	(vosotros/as)	hablabais
(él/ella /usted)	hablaba	(ellos/ellas/ustedes)	hablaban

comer

(yo)	comía	(nosotros/as)	comíamos
(tú)	comías	(vosotros/as)	comíais
(él/ella /usted)	comía	(ellos/ellas/ustedes)	comían

vivir

(yo)	vivía	(nosotros/as)	vivíamos
(tú)	vivías	(vosotros/as)	vivíais
(él/ella /usted)	vivía	(ellos/ellas/ustedes)	vivían

2. 불규칙 동사의 변화형
ir: iba, ibas, iba íbamos, ibais, iban

ser:era, eras, era, éramos, erais, eran

ver: veía, veías, veía, veíamos, veíais, veían

3. 용법
불완료 과거 시제는 과거에 행위가 지속적 되었거나, 혹은 반복되었을 경우에 사용된다.

Yo no hacía nada. 나는 아무것도 하지 않았었다.

Ella iba a Zaragoza. 그녀는 사라고사에 가곤 했다.

Ella y yo cenábamos a menudo. 그녀와 나는 자주 저녁을 먹곤 했다.

Jugabámos al tenis todos los sábados. 우리는 매주 토요일 마다 테니스를 쳤다.

Cristina me besaba todas las mañanas. 크리스티나는 매일 아침 나에게 키스를 했다.

과거에 지속된 상황을 묘사할 때 사용된다.

El cielo estaba nublado. 하늘은 구름이 끼어 있었다.

정중한 표현을 위해 사용된다.

¿Qué quería tomar usted? 무엇을 드시겠습니까?

Expresiones Útiles

¡**Qué** bonita es esta flor! 이 꽃은 정말 예쁘다.
¡**Lo** bonita **que** es esta flor!
¡**Cuán** bonita es esta flor!

¿**Qué** interesante es esta película! 이 영화가 정말 흥미로운데.
¡**Lo** interesante **que** es esta película!
¡**Cuán** interesante es esta película!

¡**Cuánto** sabe este señor! 이 분은 아는게 얼마나 많은지
¡**Cuántos** libros tienes! 너는 책이 참 많구나

¡**Cómo** te atreves a decírmelo! 어떻게 나에게 그것을 감히 말할 수 있어.
¡**Cómo** pesa! 너무 무거워.

CULTURA ESPAÑOLA

집시

집시들은 인도의 서 북부 인더스강 상류 편잡 지방에서 기거하던 민족으로 14세기경 몽고족에 쫓겨 이집트의 "Gyptanos"라는 곳에 정착한다. 하지만 이들은 그곳에서 환영을 받지 못하고 다시 세 부류로 나뉘어 유럽의 각지로 흩어지게 되는데. 이들 중 한 부류의 집시가 스페인 남부에 정착한다. 그때가 1447년 경이다. 그 당시 스페인은 무어족의 마지막 점령지인 그라나다 왕국을 공략하기 위해 전쟁을 벌이고 있었는데 이때 집시들이 가톨릭 왕조를 위해 많은 도움을 주었고 그 공로로 그라나다에서의 거주를 인정받는다. 이렇게 스페인에 정착하면서 생활을 시작한 집시들은 외국인 관광객들에게 플라멩코 공연을 보여주거나, 손금으로 미래를 점쳐주면서 돈을 벌고 있고, 혹은 관광객 상대의 소매치기, 도둑질 등으로 생계를 연명하고 있다.

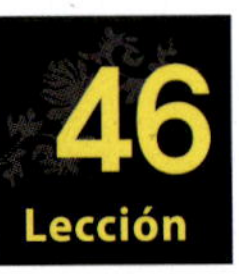

¿CUÁNDO FUE LA ÚLTIMA VEZ?
언제가 마지막이었는데?

🎧 Diálogo

- **ⓐ** ¿Sabes cuándo fue la última vez que cené en un restaurante italiano?

- **ⓑ** ¿Hace mucho?

- **ⓐ** Por lo menos, tres meses. Creo que la última vez fue el día de mi cumpleaños.

- **ⓑ** A mí me gusta mucho la comida italiana...no sé, es muy variada.

- **ⓐ** Y además, aquí en España, los restaurantes italianos son muy buenos.

- **ⓐ** 이탈리아 식당에서 마지막으로 저녁 먹은 게 언제인지 알아?

- **ⓑ** 오래되었나?

- **ⓐ** 적어도, 세 달은 되었을걸. 내 생일이 마지막이었던 거 같아.

- **ⓑ** 나는 이탈리아 음식을 무척 좋아하는데, 잘 모르겠어. 너무 다양하니까.

- **ⓐ** 그리고 여기 스페인에 있는 이탈리아 식당들은 너무 좋아.

Vocabulario

último, a	마지막의 최근의
la última vez	마지막
el restaurante italiano	이태리 식당
por lo menos	적어도
el cumpleaños	생일
variado, a	다양한
además	게다가

Vocabulario adicional

el restaurante chino 중국 식당   **el restaurante coreano** 한국 식당   **por última vez** 마지막으로   **por primera vez** 처음으로   **la primera vez** 첫 번째   **delicioso,a** 맛있는   **sabroso, a** 맛있는   **rico, a** 맛있는, 부자의   **soso, a** 싱거운   **cambiado, a** 바뀐   **la pizza** 피자   **la pasta** 파스타   **el espagueti** 스파게티

주의

스페인에서 통용되는 외래어는 스페인 식으로 발음되고 그렇게 표기를 한다. 그 한 예로 스파케티 spaguetti의 경우, 스페인 발음에 sp-로 시작되는 단어가 존재하지 않기 때문에 그 앞에 e-를 첨가하여 발음하고 그렇게 표기한다. 스타 star 단어의 경우 철자법으로는 star로 표기하지만, 발음은 앞에 e-를 첨가하여 [estar]로 한다.

Esquema gramatical

불완료 과거와 단순 과거 시제의 차이

불완료 과거는 동작이 지속된 사실을 표현하면서 동작이 끝난 시점은 표현하지 않지만, 단순 과거 시제는 동작이 과거의 어느 순간에 끝났다는 사실을 표현한다.

Mientras estaba en Alicante, Cristina y yo paseaba por la playa.
알리칸테에 있는 동안, 크리스티나와 나는 해변을 산책하곤 했다.

Cuando entré en casa, mi familia cenaba.

내가 집에 들어갔을 때, 나의 가족은 저녁을 먹고 있었다.

Cuando salía de casa. alguien me llamó.

내가 외출하고 있을 때, 누군가가 나를 불렀다.

Hablé con Cristina anoche a las once. 어제 밤 11시에 나는 크리스티나와 얘기했다.

Hablaba con Cristina con frecuencia el mes pasado.

지난 달 나는 자주 크리스티나와 얘기했다.

Cristina estuvo en París en febrero. 크리스티나는 2월에 파리에 있었다.

Cristina estaba en París cuando llegué 내가 도착했을 때 크리스티나는 파리에 있었다.

 ## Expresiones Útiles

La última vez que la vi fue el 16 de junio.　내가 마지막으로

그녀를 보았을 때가 6월16일 이었다.

la llamé fue anteayer.　그녀에게 전화했을 때가 그저께였다.

fui al cine fue el verano pasado.　영화관에 갔을 때가 지난 여름이었다.

Cuando estábamos hablando, me llamaron al móvil.　우리가 얘기 하고 있을 때,

나에게 휴대전화가 왔다

estaba leyendo　내가 책을 읽고 있을 때

estábamos paseando　우리가 산책하고 있을 때

iba a casa de María　마리아의 집에 가고 있을 때

estaba en casa　내가 집에 있을 때

Estaba　paseando cuando se encontró con alguien.

내가 누군가를 만났을 때 나는 산책을 하고있었다.

comprando fruta cuando alguien la llamó.

누군가가 나를 불렀을 때 나는 과일을 사고있었다.

viajando con una amiga.　나는 친구와 여행 중 이었다.

estudiando mucho.　나는 많이 공부하고 있었다

viendo la telenovela cuando sonó el teléfono

전화 벨이 울렸을 때 나는 텔레비젼 드라마를 보고 있었다.

¿Qué estabas haciendo cuando ocurrió el terremoto?　지진이 일어났을 때 너는 무엇을

하고 있었어?

CULTURA ESPAÑOLA
마드리드 솔 광장 La Puerta del Sol

태양의 문이라는 뜻의 이 광장은 작은 광장이지만 스페인의 중심이자 마드리드의 심장부로 스페인 각지로 통하는 9개의 도로가 사방으로 뻗어 있다. 광장 중앙에는 도시 발전에 많은 공헌을 한 카를로소 3세 Carlos III 의 동상이, 광장 한쪽에는 마드리드의 상징인 곰과 마드로뇨 나무 동상이 서있다. 솔 광장은 항상 마드리드 사람들과 여행자들로 붐비고 있고 주위에는 Bar와 레스토랑이 많아서 저녁 늦은 시간까지 활기가 넘친다. 매년 12월 31일 이면 새해를 맞이하는 축제가 이곳에서 펼쳐지는데 광장 시청 종탑의 시계 타종 소리를 전국에 방영하면서 새해를 맞이한다.

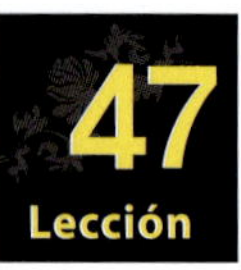

47
Lección

HE PERDIDO EL METRO ESTA MAÑANA.
나 오늘 아침에 지하철을 놓쳤어.

🎧 Diálogo

ⓐ Hola, Juan. Has llegado muy tarde.

ⓑ Esta mañana he perdido el metro, porque me he
levantado muy tarde.

ⓐ Y ¿cómo has venido aquí?

ⓑ He esperado mucho tiempo para coger un taxi,
porque había mucha gente llamando el taxi en la calle.

ⓐ Pues, ha sido un día horrible para ti.

ⓐ 안녕, 후안. 너 늦었구나.

ⓑ 오늘 아침에 전철을 놓쳤어, 늦게 일어나서.

ⓐ 어떻게 여기 왔는데?

ⓑ 택시 타려고 시간을 많이 소비했어,
왜냐하면 거리에서 택시 타려는 사람들이 많아서.

ⓐ 그래, 아주 끔직한 하루였구나.

Vocabulario

perder	잃다, 놓치다
me he levantado	동사 **levantarse** (일어나다)의 현재 완료 1인칭 단수형
he esperado	동사 **esperar** (기다리다)의 현재 완료 1인칭 단수형
coger	타다, 잡다
llamando	동사 **llamar**의 현재 분사형
día horrible	끔찍한 하루

Vocabulario adicional

coger el metro (el autobús, el tren) 지하철 (버스, 기차) 타다   **la línea 1, 2, 3** 1호선, 2호선, 3호선   **la boca de metro** 지하철 입구   **el billete sencillo** 1회용 티켓   **la multa** 벌금   **poner la multa** 벌금을 물리다   **la velocidad** 속도   **la máxima velocidad** 최대속도   **exceder la velocidad** 속도를 초과하다   **100 kilómetros por hora** 시속 100킬로   **terrible** 무서운, 끔찍한

Esquema gramatical

과거 완료 시제

1. 형태

과거 완료 시제는 haber 동사의 불완료 과거형과 과거 분사로 이루어 진다.

había	
habías	
había	
habíamos	+ hablado/ comido/ vivido
habíais	
habían	

2. 용법

과거를 기준으로 그 이전에 발생한 동작을 표현할 때 사용된다.

Cuando llegué a casa, mi familia ya había cenado.
내가 집에 도착했을 때 나의 이미 저녁 식사를 끝냈다.
El tren ya había partido cuando llegué a la estación.
내가 역에 도착했을 때 기차는 이미 떠났다
Ya habían salido los clientes cuando los llamé.
내가 손님들을 불렀을 때 그들은 이미 나갔다.
Ella me dijo que ya había terminado la tarea.
그녀는 이미 과제를 끝냈다고 내게 말했다.
Me dijo que nunca había ido a un concierto de música.
그는 음악 콘서트에 가본 적이 없었다고 나에게 말했다.
Cuando me acosté, ya había amanecido.
내가 잠자리에 들었을 때 이미 날이 밝았다.

 **Expresiones Útiles**

¿**Desde cuándo** no has leído una novela? 언제부터 너는 소설을 읽지 않았어?
　　　　　　 no has visto a tu amigo? 　　친구를 보지 못했어?
　　　　　　 no has ido al médico? 　　병원에 가지 않았어?
　　　　　　 no has escrito a Juan? 　　후안에게 편지 쓰지 않았어?
　　　　　　 no has pintado la casa? 　　집에 페인트 칠을 하지 않았어?
¿**Cuánto tiempo hace que** ha salido el tren? 　기차가 떠난 지 **얼마나 되었어?**
　　　　　　 ha regresado Antonio? 　안토니오가 돌아온 지
　　　　　　 han reparado el coche? 　차가 수리된 지
　　　　　　 hemos hecho el examen? 　우리가 시험을 본지
　　　　　　 María se ha casado? 　마리아가 결혼한지
　　　　　　 Miguel se ha enfadado? 　미겔이 화낸 지
　　　　　　 Carmen se ha levantado? 　카르멘이 일어난지
　　　　　　 Antonio se ha marchado
　　　　　　 al extranjero? 　안토니오가 외국으로 떠난 지
　　　　　　 ha parado de llover? 　비가 멈춘 지

CULTURA ESPAÑOLA

카탈루냐 광장 La Plaça de Catalunya

바르셀로나의 중심지인 카탈루냐 광장은 언제나 인파로 붐비며 바르셀로나 관광의 출발지 역할을 한다. 광장을 중심으로 남북은 람블라스 거리로 주변은 구시가지가 펼쳐져 있고, 북쪽은 그라시아 거리로 주변으로 신시가지가 펼쳐진다. 바르셀로나 관광의 1번지로 현지인과 관광객으로 활기가 넘친다. 그리고 바르셀로나의 경사가 있는 날, 특히 FC Barcelona 축구 팀이 리그 우승이나 유럽 챔피언스 리그 우승을 했을 경우 시민들이 이 광장으로 모여들어 이를 열렬히 축하한다.

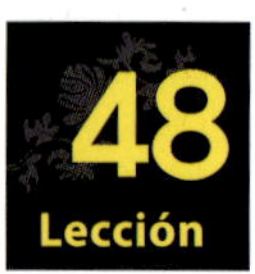

48
Lección

¿DÓNDE VIAJASTE LA SEMANA PASADA?
지난 주 어디를 여행했는데?

🎧 Diálogo

ⓐ ¿La semana pasada, dónde viajaste?

ⓑ Viajé por Sevilla y Granada.

ⓐ ¿Qué viste allí?

ⓑ Visité la Catedral central en Sevilla y la Alhambra en Granada.

ⓐ ¿Qué tal fue?

ⓑ Fue fantástico. Sevilla es una ciudad maravillosa y Granada...no puedes imaginar. Te aconsejo conocer estas ciudades.

ⓐ Bueno, algún día visitaré Sevilla y Granada.

ⓐ 지난 주 어디 여행했었어?

ⓑ 세비야와 그라나다 여행했어.

ⓐ 거기에서 무엇을 보았는데?

ⓑ 세비야에서는 대성당을 방문했고, 그라나다에서는 알람브라 궁전을 방문했어.

ⓐ 어땠는데?

ⓑ 환상적이었어. 세비야는 너무 아름다운 도시였고, 그라나다는... 넌 상상이 안 될거야. 이 도시들을 방문해 보라고 권하고 싶어.

ⓐ 그래, 언젠가는 세비야와 그라나다를 방문할 거야.

Vocabulario

la semana pasada	지난 주
viajaste	동사 **viajar**의 단순과거 2인칭 단수형
viste	동사 **ver**의 단순과거 2인칭 단수형
visité	동사 **viajar**의 단순과거 1인칭 단수형
la Catedral central	대성당
la Alhambra	알람브라 궁전
fantástico, a	환상적인
maravilloso, a	환상적인, 훌륭한
imaginar	상상하다
aconsejar	충고하다
algún día	언젠가
visitaré	동사 **visitar**의 미래 1인칭 단수형

Vocabulario adicional

el viaje de negocios 사업 여행   **el viaje al espacio** 우주 여행   **el cheque de viaje** 여행자 수표   **el maletín de viaje** 여행 가방   **el viaje organizado** 투어 여행
el viaje de fin de curso 졸업 여행   **el viaje de novios** 허니문   **la luna de miel** 허니문
el viaje relámpago 갑작스런 여행

Esquema gramatical

관계 부사

관계 부사는 선행사가 시간, 장소, 방법의 명사이고, 이 선행사가 형용사절에서 부사의 기능을 갖는 경우에 사용된다.

donde
Vamos al bar donde se sirven café y tapas. 커피와 타파 음식이 나오는 바에 가자.
Quiero ir a donde tú vayas. 네가 가는 곳으로 나도 가고 싶다.

cuando

Ya es la hora cuando debes irte. 이제 네가 가야 할 시간이다.

Era en invierno cuando fui a Alicante por primera vez.

내가 처음으로 알리칸테를 갔을 때가 겨울이었다.

como

Yo no sabía la manera como ella era feliz. 나는 그녀가 행복해 하는 그 방법을 몰랐다.

No me gusta el modo como nos manda ella.

나는 그녀가 우리에게 지시하는 방식이 마음에 안든다.

Expresiones Útiles

Te aconsejo	seguir este camino.	나는 너에게 이 길을 계속 가라고 **충고한다.**
	no fumar.	담배 피우지 말라고
	preparar bien la tarea.	과제를 잘 준비하라고
	hacer amigos entre los compañeros de clase.	
		반 친구들과 친구하라고
	preguntar las dudas a los compañeros.	
		동료에게 의심되는 사항을 물어 보라고

con alegría (=alegremente)	즐겁게
con mucha alegría (=muy alegremente)	아주 즐겁게
con cariño (=cariñosamente)	상냥하게
con cuidado (=cuidadosamente)	조심스럽게
con felicidad (=felizmente)	행복하게
con dificultad (=difícilmente)	어렵게
sobre todo(=especialmente)	특히
ante todo (=primero)	무엇보다도 먼저
por último (=últimamente)	최근에, 마지막에
al fin/ por fin (=finalmente)	마지막으로
para siempre (=eternamente)	영원히
de repente (=repentinamente)	갑자기
en vano (=inútilmente)	헛되이

CULTURA ESPAÑOLA
바르셀로나 람블라스 거리

까딸루냐 광장에서 항구까지 일직선으로 뻗은 1km의 거리로 원래 작은 개울이 흐르던 곳을 복개해 19세기 무렵 지금과 같은 대로로 만들었다. 거리 중앙에는 산책로가 있고, 주변에는 카페, 레스토랑, 명품 가게, 호텔 등이 모여 있어 언제나 사람들로 북적거린다. 거리 중간쯤에 있는 산 쥬셉 시장은 1840년에 조성된 대규모 시장으로 야채, 과일, 생선, 고기 등을 취급한다. 거리 끝의 라파스 광장에는 콜럼버스 동상이 세워져 있다.

49   대학 졸업하면 뭐할 예정이야?
50   시험 어땠어?
51   크리스마스에 무슨 선물을 받고 싶어?
52   너희 나라에 돌아가면 꼭 연락해.

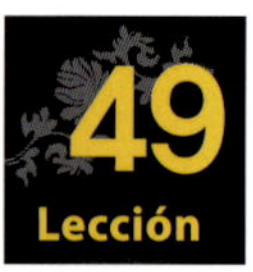

49 Lección

¿QUÉ HARÁS DESPUÉS DE GRADUARTE?
대학 졸업하면 뭐할 예정이야?

🎧 Diálogo

ⓐ ¿Qué harás después de graduarte?

ⓑ No sé, no he pensado nada.

ⓐ Ahora, no tienes tiempo suficiente.
Decídelo cuanto antes.

ⓑ Ya lo sé, pero no puedo decidirlo ahora.

ⓐ En el futuro quiero que seas toda una mujer.

ⓑ Gracias, lo quiero ser.

ⓐ 졸업하면 무엇을 할 예정이야?

ⓑ 잘 모르겠어. 아직 생각을 안 해봤어.

ⓐ 지금 넌 시간이 그리 많지 않아.
가능하면 빨리 결정해.

ⓑ 나도 알아, 하지만 지금 결정하기가 힘들어.

ⓐ 언젠가는 네가 훌륭한 여자가 되었으면 해.

ⓑ 고마워, 나도 그렇게 되고 싶어.

Vocabulario

graduarse	졸업하다
decíd	동사 **decidir** (결정하다)의 2인칭 복수 명령형
cuanto antes	가능한 빨리
el futuro	미래
seas	동사 **ser**의 접속법 현재 2인칭 단수형
toda una mujer	완벽한 여자

Vocabulario adicional

la empresa constructora 건설회사 **la empresa de servicios públicos** 공공 시설 관리 회사 **la empresa de transporte** 운송 회사 **la empresa privada** 사기업 **la empresa pública** 공기업 **la empresa comercial** 무역회사

Esquema gramatical

미래 시제 (futuro)

1. 형태

미래 시제 형태는 동사 원형 뒤에 어미를 붙여 만든다.

	-é
hablar	-ás
comer +	-á
vivir	-emos
	-eis
	-án

2. 용법

미래의 행위나 상태를 표현한다.

Iré a Alicante este invierno. 이번 겨울에 알리칸네를 갈 것이다.

Ella y yo viajaremos por España el próximo invierno.
그녀와 나는 다음 겨울에 스페인을 여행 할것이다.

Cristina me llamará mañana. 크리스티나는 내일 나에게 전화할 것이다.

현재의 상상이나 가능성 있는 사실을 표현한다.

¿Ella estará mejor? 그녀는 좋아졌을까?
¿Qué hora será? 몇 시쯤 일까?
Serán las tres. 아마 3시쯤 일거야.
¿Quién será la que me quiera? 나를 사랑할 여자는 누굴까?

정중한 명령을 표현한다.

Vendrás pronto. 곧 와줘
Comerás menos si quieres adelgazarte. 날씬해지고 싶으면 좀 적게 먹어.

주의

ser, estar, parecer 동사의 보어는 중성 대명사 'lo'로 대체되어 사용될 수 있다.
Cristina es guapa, pero Ana no lo es. 크리스티나는 예쁘지만, 아나는 아니다.
¿Eres coreano? –No lo soy. Soy japonés. 너 한국 사람이야? –아니, 일본 사람이야.

Expresiones Útiles

Algún día	visitaré Valencia con Cristina.	**언젠가는** 크리스티나와 발렌시아를 방문할 것이다.	
	dominaré el idioma extranjero.	외국어를 정복할 것이다.	
	me casaré con Cristina.	크리스티나와 결혼할 것이다.	
	me tocará la lotería.	복권에 당첨될 것이다.	
	seré un millonario.	백만 장자가 될 것이다.	
	seré todo un hombre.	완벽한 남자가 될 것이다.	
	tendré novia.	여자 친구를 가질 것이다.	
Quiero que	tengas éxito en el trabajo.	나는 네가 직장에서 성공하기를	바란다
	llegues a tiempo.	제시간에 도착하기를	
	me dejes el móvil.	나에게 휴대전화를 양보하기를	
	me prestes la cámara	나에게 카메라를 빌려주기를	
	lo pagues en efectivo.	그것을 현찰로 지불하기를	
	te encuentres bien.	건강이 좋기를	
	me quieras mucho.	나를 무척 사랑하기를	

CULTURA ESPAÑOLA

마드리드 지하철

마드리드 지하철은 알폰소 13세 왕의 명에 의해 건설되어 1919년 10월 17일에 개통되었다. 총 연장 길이 310 km로 1호선부터 12호선까지 12개의 노선과 Opera역과 Príncipe Pío역을 연결 하는 R선까지 모두 13개 노선이 있다. 모든 노선은 각각 색으로 구분되어 있으며 지하철 역 구내표시도 노선과 같은 색으로 되어 있어 타기 편리하게 되어 있다. 티켓은 1회 승차권인 Billete sencillo (1유로), 지하철과 버스를 10회 사용할 수 있는 MetroBus (9유로), 모든 교통 수단을 하루동안 이용할 수 있는 1일권 Abono turistico (5.2유로) 등이 있다.

50 Lección

NO SE PREOCUPE, ES ALGO QUE LE PUEDA PASAR A CUALQUIERA.
걱정마세요. 누구에게나 일어날 수 있는 일입니다.

🎧 Diálogo

ⓐ Pase y siéntese.

ⓑ Gracias. Creo que llego con un poco de retraso.
Lo siento, es que el tráfico estaba de pena.

ⓐ No se preocupe, es algo que le pueda pasar a cualquiera.
Dígame ¿dónde realizó sus estudios univesitarios?

ⓑ Verá, estudié la carrera de telecomunicaciones en la
Univeridad Autónoma de Barcelona. Al terminar la carrera,
hice un máster en los Estados Unidos.

ⓐ Muy bien, por hoy ya hemos terminado. Nos veremos
mañana.

ⓑ Gracias, hasta mañana.

ⓐ 들어오세요, 앉으세요.

ⓑ 감사합니다. 조금 늦었습니다.
죄송합니다, 사실 교통 체증이 너무 심해서.

ⓐ 걱정 마세요. 누구에게나 일어날 수 있는 일입니다.
어디에서 대학 공부를 했는지 말씀해보세요?

ⓑ 저는 바르셀로나 주립대학에서 신문 방송학을 공부했습니다.
그리고 대학을 졸업하자마자 미국에서 대학원 과정을 이수했습니다.

ⓐ 좋습니다. 오늘은 끝났습니다. 내일 뵙겠습니다.

ⓑ 감사합니다. 내일 뵙겠습니다.

Vocabulario

pase	동사 **pasar**의 3인칭 단수 명령형	estudié	동사 **estudiar** 의 단순 과거 1인칭 단수형
siéntese	동사 **sentarse** (앉다)의 3인칭 단수 명령형	estudios universitarios	대학 수업
retraso	연착, 지각	la carrera	대학 과정
un poco de	약간의	telecomunicaciones	방송 통신학
el tráfico	교통, 교통 체증	un máster	석사 과정
pena	고통, 안타까움	los Estados Unidos	미국
cualquiera	아무나, 어떤 것이나	veremos	동사 **ver** (보다)의 미래 1인칭 복수형
realizó	동사 **realizar** (실현하다)의 단순 과거 3인칭 단수형	al + 동사 원형	～할 때

Vocabulario adicional

la Facultad de Derecho 법과 대학   **la Facultad de Medicina** 의과 대학   **la Facultad de Farmacia** 약학 대학   **la Facultad de Filología** 인문 대학   **la Facultad de Geografía e Historia** 지리, 역사 대학

Esquema gramatical

완료 미래형

1. 형태

완료 미래형은 "haber 동사의 미래형 + 과거 분사" 로 이루어진다.

habré	
habrás	
habrá	
habremos	+ hablado/ comido/ vivido
habréis	
habrán	

2. 용법

미래의 어느 시점을 기준으로 그때까지 동작이 완료된 사실을 표현한다.

Mañana habré terminado este trabajo. 내일 나는 이 일을 끝내 놓을 것이다.
Antes de las siete ya lo habré arreglado todo.
7시 이전에 나는 모든 것을 정리해놓을 것이다.

동작이 완료되었다는 사실을 추측할 때 사용된다.

¿Cristina ya habrá llegado a Valencia? 크리스티나가 이미 발렌시아에 도착해 있을까?
Antonio habrá salido de casa. 안토니오는 집에서 나갔을 것이다.

Expresiones Útiles

Al terminar la tarea, vi la tele. 나는 과제를 끝내고 텔레비전을 봤다.
Al acabar el estudio, viajé por Londres. 나는 공부를 끝내고 런던을 여행했다.
Al verla, la reconocí inmediatamente. 나는 그녀를 보자, 바로 알아봤다.
Raúl nació en Valencia y cuando tenía 17 años se trasladó a estudiar a Barcelona.
라울은 발렌시아에서 태어났다. 17세 때 바르셀로나 공부하기 위해 이사 갔다.
Jesús empezó a estudiar Derecho, pero en segundo curso lo dejó y entró a trabajar
en la televisión. 헤수스는 법학 공부를 하기 시작했다. 그러나, 2학년 때 포기하고 텔레비전 방송
국에서 일하기 위해 입사했다.
Cristina estaba trabajando unos meses en una pizzería para pagarse los estudios.
크리스티나는 학비를 벌기 위해 피자가게에서 몇 달간 일을 하고 있었다.
Últimamente David trabajó de presentador en varios concursos. 최근에 다비드는 여러
경연대회에 사회자로 일했다.

Sigue lloviendo.   비가 계속 오고 있다.
Cristina sigue   llorando.   크리스티나는 계속 울고 있다.
                 hablando con su amiga.   자기 친구와 계속 얘기하고 있다.
                 bailando en la discoteca.   나이트에서 계속 춤을 추고 있다.
                 estudiando la economía latinoamericana. 중남미 경제학을 계속 공부하고
                                                         있다.
                 buscándome.   나를 계속 찾고 있다.

CULTURA ESPAÑOLA

바르셀로나 산츠 역 La estación Sants de Barcelona

스페인 각지에서 오는 고속 열차, 특급열차, 근교선 등 모든 노선이 정차하는 바르셀로나 최대 규모의 역이다. 플랫폼은 도두 지하 1층에 있고 역의 지상에는 관광 안내소와 레스토랑, 쇼핑 센터등 다양한 시설들이 잘 갖춰져 있어 편리하게 이용할 수 있다.

¿QUÉ REGALO QUIERES RECIBIR EN NAVIDAD?
크리스마스에 무슨 선물을 받고 싶어?

🎧 Diálogo

ⓐ ¿Qué regalo quieres recibir en esta fiesta de Navidad?

ⓑ ¿Qué regalo?

ⓐ ¿No sabes que los españoles dan un regalo a los parientes, a los novios o a los mayores?

ⓑ ¡Ah!, ya lo he oído alguna vez.
A mí me gustaría recibir un regalo fantástico como un perfume, o un anillo...

ⓐ ¿Anillo? Tú sigues siendo una mujer.

ⓐ 이번 크리스마스 축제에 무슨 선물 받고 싶어?

ⓑ 선물?

ⓐ 스페인 사람들이 친척이나, 연인 혹은 나이 드신 분들에게 선물하는 거 몰라?

ⓑ 아, 들어본 적이 있어.

ⓐ 나도 향수나 반지 같은 선물을 받고 싶어.

ⓑ 반지? 너는 여전히 여자구나.

Vocabulario

recibir	받다
el regalo	선물
los parientes	친척들
los novios	연인들
los mayores	나이 드신 분들
un perfume	향수
un anillo	반지

Vocabulario adicional

un abrigo de visón 밍크 코트　**un ramo de rosas** 장미 한 다발　**un bolso lujoso** 명품 핸드백　**el collar** 목걸이　**los pendientes** 귀걸이　**un coche deportivo** 스포츠카　**una tarta de queso** 치즈 케익　**el ordenador portátil** 노트북　**el día de los Reyes Magos** 동방박사의 날 (1월 6일)　**la fiesta de Navidad** 크리스마스 파티　**la noche vieja** 12월 31일 밤　**la noche buena** 12월 24일 밤

Esquema gramatical

가정형 용법 (condicional)

1. 형태

가정형은 미래 동사 원형 뒤에 어미를 붙여 만든다.

	-ía
hablar	-ías
comer +	-ía
vivir	-íamos
	-íais
	-ían

2. 용법

과거를 기준으로 앞으로 일어날 사실을 표현한다.

Ella dijo que llamaría pronto. 그녀는 곧 전화할 것이라고 말했다.

Le primetí a ella que regalaría un bolso lujoso.
나는 그녀에게 명품 핸드백을 선물할 것이라고 말했다.

과거의 추측을 표현한다

¿Qué hora sería cuando ella llegó a casa? 그녀가 집에 도착했을 때 몇시쯤 되었을까?
Serían las dos de la madrugada. 아마 새벽 2시쯤 이었을거야.
¿Quién llamaría a la puerta anoche? 어제 밤에 누가 노크했었지?

가능성 있는 사실을 표현한다.

Yo iría a Valencia este fin de semana. 나는 이번 주에 발렌시아를 갈 것이다.
Querría visitarla. 그녀를 방문했으면 한다.
Me gustaría verla. 그녀를 보았으면 좋겠다.

정중한 표현을 위해 사용된다.

Querría hablar con usted. 당신과 얘기하고 싶습니다.
¿Podría ayudarme? 저를 도와주실 수 있나요?
Deberías irte al médico. 의사에게 가 보는 것이 좋겠다.

Expresiones Útiles

¿Querrías pasarme la sal?	저에게 소금 좀 건네 줄래?
venir conmigo?	너 나랑 같이 갈래?
¿Podrías traerme un tenedor y una cuchara?	포오크와 수저 가져다 줄래?
darme un boli?	나에게 볼펜 좀 줄래?
darme un cigarrillo?	나에게 담배 좀 줄래?
ir al teatro esta noche?	오늘밤 연극 보러 갈래?
¿Podríamos ir a esquiar este fin de semana?	우리 이번 주말에 스키 타러 갈까?
salir esta noche?	오늘 밤에 외출할까?
¿Preferirías estar en la montaña?	너 산에 갈래?
sentarte en la silla?	의자에 앉을래?
¿Le importaría dejar de fumar?	당신 담배 끊는 것이 어때요?
cerrar la ventana?	창문 닫는 것이
¿Te gustaría esquiar?	너 스키 타는 거 좋아해?
acompañarnos?	우리랑 같이 가는 거
Deberías llevar el impermeable.	너는 우비를 가져가야겠다.
¿Me acompañarías al teatro?	너 나랑 연극 보러 같이 갈래?

CULTURA ESPAÑOLA
카사 밀라 Casa Milá (1906–1910년)

천재 건축가 가우디 작품으로 바르셀로나 근교
의 몬세라트 언덕에서 영감을 얻어 지은 건물로
테마는 신이다. 채석장을 연상시킨다 하여 현지
인들은 La Pedrera라고 부른다. 내부의 가우디 건
축에 관한 전시실은 현대적인 감각이 돋보이고
투구를 쓴 것 같은 옥상의 굴뚝이 인상적이다.

SI VUELVES A TU PAÍS, LLÁMAME.
너희 나라에 돌아가면 꼭 연락해.

🎧 Diálogo

ⓐ Si vuelves a tu país, envíame un correo electrónico o llámame.

ⓑ Vale, ahora(mismo) somos muy amigos, y no te olvidaré nunca.

ⓐ Bueno, algún día te voy a visitar para ver a tu familia. Quiero conocerla.

ⓑ Te echaré de menos.

ⓐ Igualmente.

ⓐ 너희 나라에 돌아가면, 이 메일 보내, 아님 전화하던지.

ⓑ 그래, 이제 우리는 아주 친한 친구잖아. 그리고 난 너를 결코 잊지 않을 거야.

ⓐ 그래, 언젠가는 너의 가족을 보기 위해 널 찾아갈 거야.
너의 가족을 알고 싶어.

ⓑ 너를 그리워할 거야.

ⓐ 나도.

Vocabulario

un correo electrónoco	이 메일 (e-mail)
llámame	나에게 전화해.
muy amigos	아주 친한 친구들
olvidar	잊다.
nunca	결코
algún día	언젠가는
echar de menos	그리워하다.

✐ Vocabulario adicional

atento 주의 깊은, 친절한　**prudente** 신중한　**moral** 도덕적인　**imprudente** 경솔한　**curioso** 호기심 있는　**indiferente** 사소한　**egoísta** 이기주의자　**pálido** 창백한　**caprichoso** 변덕스러운　**sincero** 진지한　**coquetón** 아양 떠는　**ridículo** 엉뚱한

Esquema gramatical

✐ 가능형 완료형

1. 형태
가능형 완료형은 'haber 동사의 가능형 + 과거분사"로 이루어진다.

habría	
habrías	
habría	
habríamos	+ hablado/ comido/ vivido
habríais	
habrían	

2. 용법
과거를 기준으로 앞으로 동작이 완료되어있을 경우에 표현된다.

Cristina me dijo que habría terminado la tesis.
크리스티나는 논문을 끝내 놓을 것이라고 나에게말했다.

Me dijeron que ella ya habría partido hacia Valencia.
그들은 그녀가 이미 발렌시아로 떠났다고 나에게 말했다.

과거에 동작이 완료되어있을 거라고 추측할 경우에 사용된다.

Ya habría venido. 이미 도착해 있을 것이다.
Cuando llegaste ya habría terminado de cenar.
네가 도착했을 쯤이면 그는 이미 저녁 식사를 끝냈을 것이다.

과거에 실현되지 못한 행위에 대한 아쉬움을 표현한다.

La habría llamado, pero no tenía valor. 그녀에게 전화했어야 했는데 용기가 없었다.
La habría saludado, pero no la vi. 그녀에게 인사했어야 했는데 보지를 못했다.

Expresiones Útiles

Si puedo, voy esta tarde a tu casa.
가능하다면 오늘 오후에 너희 집에 갈게.

Si tengo dinero, este verano iré a Grecia.
내가 돈이 있으면 이번 여름에 그리스를 갈것이다.

Si quiere hablar con el director, se sienta y espera un momento.
사장과 얘기 하고 싶다면 앉아서 잠시만 기다리십시오.

Te presto mi coche este fin de semana, si me invitas a cenar el sábado.
토요일에 나를 저녁 식사에 초대하면 너에게 이번 주말에 내 차를 빌려줄게.

Si me toca la lotería, voy a comprarme un coche deportivo.
내가 복권에 당첨되면 나는 스포츠카를 살 것이다.

Si tengo tiempo, hago la comida, si no, la haces tú.
내가 시간이 있으면 음식을 만들고 그렇지 않으면 네가 해.

Si te encuentras mal, llamas al médico.
몸이 안 좋으면 의사에게 연락해.

Si tienes frío, cierras la ventana.
추우면 창문을 닫아.

Si salgo pronto de la oficina, vamos al cine.
곧 사무실에서 나가면, 우리 영화 보러 가자.

CULTURA ESPAÑOLA

마드리드 왕궁

원래는 아랍 요새가 있던 자리에 스페인 합스브르크 왕가가 궁전을 세웠으나 1734년 크리스마스날 밤의 화재로 소실되고 만다. 프랑스 루이 14세의 손자 펠리페 5세가 그 자리에 베르사이유 궁전을 닮은 호화로운 궁전을 지을 것을 명해 지금과 같은 왕궁이 건립되었다. 궁전의 외양은 신고전주의 양식을 취하고 있으며 내부는 이탈리아 양식이다. 유럽에서도 아름답기로 손꼽히며 안에는 2800여 개의 방이 있다. 내부에는 휘황찬란한 샹들리에, 19세기 화가들의 그림, 역대 스페인과 오스트리아 왕이 소유했던 화려한 보물이 가득하다. 여려 방에서는 과거 스페인 왕족의 화려했던 궁중 생활을 엿볼 수 있다.